JN277700

保阪正康
Hosaka Masayasu

姜尚中
Kang Sang-jung

雨宮処凛
Amamiya Karin

「ポスト戦後」を生きる

繁栄のその先に

《道新フォーラム》
現代への視点～歴史から学び、伝えるもの

講談社

はじめに

国内外に膨大な犠牲を強いたあの戦争が終わって六十九年にもなろうとしています。しかし、日本がかくも無謀な戦いに突き進んだことをしっかりと検証し、そこから教訓を得る努力を私たちはしてきたでしょうか。

札幌出身で昭和史研究の第一人者である保阪正康さんは、揮毫を求められると「前事不忘　後事之師」としたためます。私たちは二度と危うい道を進んではならない。そのためにも戦禍の記憶を正確な記録として残し、次代を担う若い世代に議論を通して伝えていく必要がある。そんな思いが込められています。

保阪さんは六年前の春、北海道新聞社関連の道新文化センターが大学生を対象に開いた市民講座「世代を超えて語り合う戦争の傷跡。明日につなげる『いま』のために」の講師を務め、若者へ語り継ぐことの大切さとその可能性に確かな手応えを感じたといいます。

北海道新聞社はそうした保阪さんの思いを受け止め、二〇〇九年から毎年、道新フォー

ラム「現代への視点〜歴史から学び、伝えるもの」を札幌で開催してきました。保阪さんを軸に、これまで、

半藤一利（作家）
立花　隆（評論家・ジャーナリスト）
田城　明（中国新聞・ヒロシマ平和メディアセンター長）
澤地久枝（作家）
姜　尚中（聖学院大学学長・元東大大学院教授）
香山リカ（精神科医・立教大教授）

の各氏をゲストに招き、基調講演と討論、参加した若い人たちとの質疑を通して昭和史の教訓を今後にどう生かしていくかを考えてきました。北の大地から発信してきたこれらのメッセージは毎回一冊の本となり、二〇一二年秋以降、講談社から継続的に出版されています。今回は二〇一三年十一月四日に保阪正康、姜尚中、雨宮処凛の三氏を招いて札幌の道新ホールでおこなわれたフォーラムの詳報です。

「現代への視点〜歴史から学び、伝えるもの」。一貫してこの共通テーマで開催してきましたが、五回目の今回ほどその重みを痛切に感じたことはありません。

これまで、歴史から何を学び、それをきちんと伝えてきたのか、と。

保阪さんの語り口は静かです。「社会の問題が山積しているにもかかわらず、私たちの感覚あるいは歴史を見つめる目が鈍麻しているのではないか」。ずしりと響く言葉はこう続きます。「知性の劣化が始まっている」

国会で審議中だった特定秘密保護法はフォーラム後、間もなく成立、集団的自衛権をめぐる解釈改憲の議論も加速しています。保阪さんの言葉が迫って来ます。

姜さんは戦後七十年が近づくなか、平和などの印象に彩られている「戦後」ではなく、すでに「ポスト戦後」を考える時期に来ていると話します。ナショナリズムが起きやすくなっているというのです。

それは韓国も日本も同じで、非正規雇用が増えた不安定な社会では、自身と国家を一体化しようとする心理が人びとを捉えてしまう。社会の大きなうねりのなかで、良心の声を出しにくい空気が生まれるとも――。

プレカリアート。不安定なという意味のイタリア語とプロレタリアートを合成させた言葉です。報われない思いを募らせる、そうした若者を雨宮さんは見つめてきました。

外国人に向けられるヘイトスピーチ。底流にあるのはいら立ちです。標的をつくり、「あいつらが悪い」と言いつのる。生存権が脅かされるなかでは、憲法の話も空虚と、雨宮さんは指摘しています。

ナショナリズムと容易に結びつくいまの雰囲気。それは若者だけのことではない、と多くの聴衆が感じ取ったことでしょう。

歴史とどう向き合うか。

憲法が揺らいでいる「いま」だからこそ、三氏の言葉が重いのです。歴史を知らない若い世代だけでなく、歴史をもう一度学び直している人びとにとっても、本書がきっかけとなり、また参考になれば幸いです。

二〇一四年三月

北海道新聞社取締役編集局長
加藤雅規

「ポスト戦後」を生きる◆目次

◆本書は、二〇一三年十一月四日に札幌市中央区の道新ホールで開かれた道新フォーラム「現代への視点2013～歴史から学び、伝えるもの」（北海道新聞社主催）を書籍化したものである。当日の講演をベースに大幅な加筆、削除訂正をほどこし、講談社において編集した。脚註の文責は講談社編集部にある。

歴史を語り継ぐ姿勢

保阪正康

丁寧に、丹念に、そして虚心に

このフォーラムも五回目を迎えます。そこで正直に申しますが、年を追うごとに世情が妙な具合にと言いますか、社会の軸が少しずつヘンになっている感じがするんです。

とくに、ことし（二〇一三年）は大きな問題がいくつもあるにもかかわらず、国会が機能していない。[*1] これは日本社会全体において問題意識が希薄になっているためではないか。

本日、私は「歴史を語り継ぐ姿勢」とのタイトルでお話をいたします。この意味を歴史を語る心構えと言い換えてもいい。

私たちには、父親・母親・祖父母、さらには周囲にいる上の世代の人たちから、いろいろなかたちでの経験、彼らが生きた姿を聞いたり、確かめたりしながら、そこでなにが教訓であるかをセレクトしていく権利がある。いや義務かもしれない。そ

＊1　国会が機能していない
七月二十一日の参院選後の第百八十四臨時国会は、野党が集中審議を求めたにもかかわらず八月に六日間開かれただけ。院の構成を決めただけで実質審議はなかった。第百八十五臨時国会が召集されたのは十月十五日。会期は五十三日間と短く設定された。この国会は「成長戦略実

れを児孫《じそん》の世代に伝えていく。

その前提として、父親や母親、祖父母が生きた時代を丁寧に、丹念に、そして虚心に検証することが必要だと思うんですね。その姿勢を失った瞬間に、私たちは歴史にたいする責任を放棄することになる。その結果、百年、二百年先の私たちの児孫に負債をもちこしてしまい、きびしく批判されることになるのではないか……。

現在、さまざまなかたちで社会に問題が山積しています。にもかかわらず、それにたいして私たちの感覚、感性はかなり鈍麻しているのではないでしょうか。

大事なことはわかっているけれど厄介なこと、自分とは明らかにちがう立場の人、そういったものについての想像力や反応が鈍くなっている。おそらく面倒なことは考えたくないんでしょう。そして、プロセスはいっさい省いて結論だけを大声で叫ぶ者、被害者意識をかきたてようとする者に雷同する。

行国会」と位置づけられたが、むしろ国家安全保障会議（日本版NSC）設置法案および特定秘密保護法案の審議が優先された。フォーラムから約二十日後の十一月二十七日に国家安全保障会議創設関連法が成立、約一ヵ月後の十二月六日に特定秘密保護法が成立する。

自分の耳に心地よいことしか聞こうとしないというのは、「知性の劣化」の始まりでしょう。いずれ今日のできごとも歴史になっていくわけですが、日々動いている事象を冷静に分析し、整理する能力を磨かないと、おのれの身をそこなうことになります。ジャンクフードばかり食べて、運動しなければ生活習慣病になってしまうのと同じことです。

アメリカの国務省が……

話はさかのぼりますが、小泉内閣のとき、靖国神社への首相の参拝をめぐって大騒ぎになりました。

中国、韓国が八月十五日の参拝にたいしては強い牽制をしていました。けっきょく小泉さんは、靖国に参拝を続け、在任中にも八月十五日に行ったことがあります。

当時、私はいろいろなメディアからなんどもコメントを求められましたが、こんなふうに答えたり書いたりしました。

「個人であれば靖国神社に参拝するのは自由である。しかし、閣僚、とくに首相は行くべきではない」

「その理由は三つある。第一に靖国神社がもっている宗教性、第二は十四人のA級戦犯を合祀している政治性、第三は遊就館の展示における歴史認識。宗教法人としての靖国神社が特定の見解を保持し、主張することはまったく自由だが、そこに首相や閣僚が参拝すれば、その見解を政府が公認し、国民を代表して追悼することになる。それは問題だ」

この意見に興味をもったのか、アメリカの国務省の調査スタッフが会いたいと言ってきました。

「あなたの意見に私たちは関心をもっている。もう少し話を聞かせてほしい」

アメリカの国務省が、どうして私のような一介の物書きに用があるんだろうとちょっと不思議に思いました。それで、

「あなたたちは、なぜそんなことをわざわざ日本へ来て調べたり、意見を聞いてまわったりするのか」

と尋ねてみたら、こんなことを話してくれました。

「私たちはこの問題についてワシントンにある日本大使館の書記官を呼んで説明を求めました。すると書記官は、〝いや、これは問題じゃありませんよ。靖国神社は貴国のアーリントン国立墓地[*2]と同様のものです。なぜ大騒ぎするのですか〟と言ったんです」

これを聞いた国務省の高官たちが激昂《げっこう》したらしい。それで、国務省としては靖国神社にたいする日本側の考えかたを知ってきちんとした長期的な政策を立てる必要があるとして、スタッフを日本に派遣し、さまざまにリサーチしていると言うんです。

アーリントン国立墓地とは

ここで私が興味をもったのは、国務省の高官たちが激昂した

＊2　アーリントン国立墓地
アメリカ合衆国の国立墓地および戦没者慰霊施設。ワシントンD.C.近郊、バージニア州アーリントンにある。一八六四年に、南北戦争の戦没者のための墓地として設けられた。特定の宗教形式によらず、埋葬者の希望に応じての慰霊がおこなわれている。

という部分です。いったいなにが彼らを怒らせたのか。

早い話がこういうことではないでしょうか。

「ふざけるな、私たちをバカにしているのか。アーリントン国立墓地にケチをつけるのか」

アーリントン国立墓地は南北戦争後につくられたものです。そのあとにアメリカ国民が血を流した戦争、すなわち第一次世界大戦、第二次世界大戦、朝鮮戦争、ベトナム戦争などの戦没者が祀られていますし、さかのぼって独立戦争での戦没者の墓地も設けられています。それ以外にテロ犠牲者なども葬られている。宗教、民族を問わず合衆国のために尽くした人たちがすべて眠っている場所なんです。

つまりここには、あらゆる宗教の信者が埋葬されているし、埋葬には本人の希望も尊重されることになっています。

これにたいして「靖国神社は神道に基づいてA級戦犯を合祀しています」と聞けば「それならアーリントンとはちがう。

われわれの精神といっしょにするとはなにごとか」との反応になってもおかしくない。私に話を聞きにきた国務省のスタッフも「日本政府は私たちをバカにしているのでしょうか」と尋ねてきた。これは屈辱感に近いものだなと感じられました。

私は「なるほど、靖国神社とアーリントン国立墓地をいっしょにしてはいけないとの考えかたは当然ありうるだろうな」と思いました。と同時に「これは下手をするとたいへんなことになる」との危惧を抱いたんです。

どうしてそんな言いかたを

それから六〜七年がたちます。

二〇一三年二月に訪米した安倍晋三首相は、アメリカ政府から中国や韓国との関係に絡んで靖国神社についての見解を求められたらしい。で、安倍さんは「靖国は貴国のアーリントン国立墓地と同じです」と答えたという噂を聞きました。

それは伝聞でしかありませんが、安倍さんは二〇一三年五月にアメリカの外交専門誌『フォーリン・アフェアーズ』[*3]のインタビューではっきりこう言っています。

「靖国参拝の問題については、あなた（アメリカ人）の立場に置き換えて考えてもらえればと思う。アメリカにも戦没者を慰霊し追悼する場所、アーリントン国立墓地がある。米大統領もこのアーリントン墓地を訪れて戦没者を追悼するし、日本の首相として私もアーリントンを訪問して戦没者を追悼した」

「ジョージタウン大学のケビン・ドーク[*4]教授は、南北戦争の南軍の兵士も埋葬されているアーリントン墓地を訪れて戦没者を追悼しても、奴隷制を肯定することにはならないと指摘している。私は、国のために命を落とした人々を慰霊する靖国神社を参拝することについても同様の議論ができると考えている」

「日本の指導者として、国のために命を犠牲にした人々を追悼

＊3　『フォーリン・アフェアーズ』　アメリカの外交問題評議会（CFR）が発行する外交・国際政治専門の政治雑誌。一九二二年創刊で隔月発行。国際政治、国際経済を論ずる媒体として世界的権威と影響力をもつ。

＊4　ケビン・ドーク　Kevin M. Doak　一九六〇年生まれ。クインシーカレッジ卒業。高校時代に初めて日本に留学し、その後、東京大学や立教大学などでも学ぶ。シカゴ大学大学院で博士号取得。現在、ジョージ

するのは、当然なことだと思うし、これは、世界各国の指導者が行っていることだ」

私は、そのインタビューについて知ったとき、アメリカ政府は黙っていないだろうなと思いました。

アーリントン墓地と同様だとのロジックに国務省が怒っているとの話は、私でさえも何年も前から聞いているのですから、外務省や首相の側近だったら当然知っているでしょう。知っているにもかかわらず、なぜそんな言いかたをするのか……。

こうしたある意味で無神経とも言える歴史観が、アメリカのなかで激しい反発を起こしている事態は、ときどき垣間見るニュースで裏づけられていますね。[*5]

アーリントンとのアナロジーは「みごとな切り返し」とか「巧みな答え」ではけっしてありません。こちらがそう思っても相手が怒ったら失敗なのです。

これを言うと安倍さんは怒るかもしれませんが、長州出身で

タウン大学教授・東アジア言語文化学部長。日本の近代思想史、文学、ナショナリズムなどを専門とし、著書に『日本浪曼派とナショナリズム』（柏書房）などがある。

＊5　ときどき垣間見るニュース～

このフォーラムのあと、二〇一三年の暮れに安倍首相が靖国参拝をしたときにアメリカ政府はdisappointed（失望）という語を用いた声明を発表した。

安倍さんとは遠縁にあたる松岡洋右《まつおかようすけ》[*6]は、ジュネーブの国際連盟総会で「十字架上の日本」と呼ばれる有名な演説をしました。

その演説では、満洲事変を起こした日本がナザレのイエスにたとえられ、「ヨーロッパやアメリカによって日本はいまや十字架にかけられようとしている。しかし、日本の正しさはいずれ理解され、世界の世論は変わるであろう。イエスがついに世界に理解されたように」という挑発的とも言える結びかたがされていました。

会場では、松岡のレトリックと巧みな英語に、感嘆と称賛の声がわきおこったとも伝えられますが、非キリスト教国の日本が聖書をベースにした修辞を用いたことは欧米諸国の反発を招いて逆効果だったとの評価もあります。私もそう思います。

けっきょく、このあとのリットン報告書の採択で日本は賛成四十二、反対一で破れ、ついに連盟脱退に至ります。その後の歴史についてはここでは触れませんが、みごとな演説であれば

＊6　安倍さんとは遠縁にあたる～
松岡洋右の妹、藤枝は佐藤松介に嫁した。松介は岸信介・佐藤栄作兄弟の叔父。また、松介の娘・寛子は従兄弟の佐藤栄作と結婚した。安倍晋三が岸信介の孫であることは周知のとおり。

よいというものではないのです。

余談ですが、安倍首相は訪米の際、戦略国際問題研究所[*7]（CSIS）という保守系シンクタンクにおいて英語でスピーチし、"Japan is back!"（日本は戻ってきた！）と締めくくりました。英語で演説するのはとてもいいことですし、日本経済復活を高らかに謳うのも悪いことではありません。しかし、一国の首相なら、「いったいどこにbackするのか」という皮肉な声についても気を配っておいたほうがいいのではないか。

歴史修正主義者？

二〇一三年の秋口になってアメリカのメディアが取材に来ました。こんどはこんなことを言っていました。

「安倍さんの言動には、むしろ共和党の保守派が激昂しているんですよ」

＊7 戦略国際問題研究所
一九六二年にジョージタウン大学の付属研究機関として設立。現在は同大学から独立した研究機関となっている。理事や顧問にはヘンリー・キッシンジャー、カーラ・ヒルズ、リチャード・アーミテージ、ズビグニュー・ブレジンスキー、ブレント・スコウクロフトなどアメリカの国家安全保障問題に影響力をもつ多くの保守派の人物が名を連ねる。彼らは政権入りしてアメリカの外交政策を担うこともままある。

民主党のオバマ大統領と安倍さんがどことなく合わないという話はメディアでも散見されます。これにたいして、かつてのロン－ヤス関係やブッシュ・ジュニアと小泉さんの間柄のように共和党の保守派と自民党は相性がいいというのが通り相場です。それがどうして……？

共和党保守派とは典型的なアメリカ至上主義者です。彼らからすれば、第二次世界大戦はアメリカが民主主義を守るために多くの犠牲者を出して戦った正義の戦争です。三十万人余のアメリカの青年が戦死したといわれています。ナチス・ドイツと日本軍国主義を打倒したことは彼らの最大の誇りです。それがはたして妥当であるかの評価は別にして、彼らがそう信じていること、それを変えることは容易ならざることは理解しておかなければなりません。

安倍さんはその前提をスキップして、参議院予算委員会で「侵略の定義は学界的にも国際的にも定まっていない。国と国との関係でどちらから見るかで違う」などと言う。「村山談話」についても「安倍内閣として、そのまま継承しているわけではない」と国会で後ろ向きの答弁をする。[*8]

ちょっと待ってください、と言いたくなります。

国会答弁は外国も見ています。アメリカの保守派は「オレたちが理解している神聖な第二次世界大戦の理解にたいして日本の首相が公の場で異議申し立てをした」と見ているのです。

小泉さんは、靖国参拝はおこなっても、[*9]「日本は東京裁判を受諾している。戦争犯罪人は戦争犯罪人だ。自分は、心ならずも戦地におもむき、命を捧げられた方を衷心から追悼している」という姿勢を崩しませんでした。

しかし、安倍さんはそこをハッキリさせようとはしない、させたくない。だから、まかり間違うと安倍さんは「歴史修正主義者」[*10]だと見られかねない。現に中韓両国はそういう対外宣伝をはじめている。これは最近よく言われる「国益」にかかわる

＊8　国会で後ろ向きの答弁をする
その後、菅義偉官房長官が「すべてを引き継ぐ」と訂正した。

＊9　小泉さんは、靖国参拝はおこなっても〜
小泉純一郎首相（当時）は、二〇〇五年六月二日の衆議院予算委員会において、民主党の岡田克也の「東京裁判、極東軍事裁判で有罪判決を受けた二十五名、うち七名が死刑判決を受けておりますが、……このA級戦犯に対して総理はどういうお考えをお持ちですか」「A級戦犯については、重大な戦争犯罪を犯した人たちであるという認識はあるということですね」などの一

話ですが、この事態にどう向きあうつもりでしょうか。

すべて誤解だというのなら、安倍さんはきちんと立論し、アメリカにたいして千万言を費やしてでも主張すべきです。第二次世界大戦後に国際的につくられてきた歴史理解にたいして、日本はどのように考え、行動してきたか。また、これからどのような国家として世界のなかで生きていこうとするのか。

アメリカ側の答え

おそらく安倍さんは、細川さんや村山さん、小泉さんとは違ってホンネでは「日本は侵略国家ではなかった」と断言したいんでしょう。それに共感する人びとが多いことも事実です。これは世代の差なのかもしれません。しかし、信念をもって「日本は侵略国家にあらず」と世界に認めさせたいのならば、侵略の定義について徹底的に議論しなくてはいけない。「この定義

連の質問にたいする答弁のなかで、「……東京裁判において戦争犯罪人と指定されたわけであり、その点は、日本としては受諾しているわけであります」「裁判を受諾している。二度と我々は戦争を犯してはならない、戦争犯罪人であるという認識をしているわけであります」と述べている。

＊10　**歴史修正主義者**
もともとは新発見や再解釈によって、伝統的な歴史解釈にたいして仮説や可能性を提示して歴史叙述を再構成していこうとする立場を指したが、西欧において「民族撲滅はなかった」とするホロコースト否認論者がみず

からしてわが国は侵略国家ではない」と堂々と主張するのと、「侵略の定義が定まっていないから、わが国が侵略国家であるかどうかはなんとも言えない」というのは大違いですから。

諸外国を相手にしたその作業は最低でも東京裁判、あるいは一九二八年のパリ不戦条約[*11]の検証を必要とします。おそらくウンザリするようなやりとりのくりかえしになる。「阿吽《あうん》の呼吸」や「察し」を重んじる日本人には耐えがたい世界でしょう。

ただ、さしあたっての答えは、二〇一三年十月三日の午前に出たように思います。この日、来日中のアメリカのケリー国務長官とヘーゲル国防長官が千鳥ヶ淵の墓苑に行きました。

千鳥ヶ淵はご存じのようにあの戦争で亡くなった人たちの追悼施設です。宗教的、あるいは政治的意味は希薄です。そこへ献花した。目と鼻の先の靖国神社へは行かなかったんですね。

国務長官と国防長官といえば、アメリカ政府の要人中の要人です。その二人が東京に来て、靖国神社ではなく揃って千鳥ヶ

からを「歴史修正主義者」と規定したことから、自国の歴史を何がなんでも肯定的にとらえようとする手法にたいしても用いられるようになった。

＊11　パリ不戦条約
一九二八年八月二十七日調印、翌年七月二十四日発効。ケロッグ＝ブリアン条約とも呼ばれる。当事国が国際紛争解決のために戦争に訴えることを非とし、国家の政策の手段としての戦争を放棄することを宣言。国際紛争を平和的に解決すべきことを定める。

淵へ献花した。これはアメリカ政府の最大の意思表示であると見るべきです。「アメリカ政府は、靖国神社に日本国の内閣総理大臣が参拝することを認めていませんよ」ということです。

さて、それを報じた新聞ですが、東京の中央紙をはじめ、だいたいの新聞は驚くほど小さな扱いしかしなかった。どう見てもたいしたことないニュースと見なしているのです。

これに私は心底から驚きました。

日本のメディアが、事態の背景や本質を見抜く目を失っている……。思わず「ああ、歴史的な教訓を受け継ぐ姿勢がここまで鈍麻しているのか」と天を仰ぎました。

私は納得していない

こういうことを言いますと、「保阪はアメリカの顔色ばかりうかがっている」と言う人がいます。一方で近ごろのネット上では、私に「反日極左」のレッテルが貼られているらしい（笑）。またアメリカ側の反応に「彼らは靖国の本質をわかっていない」と批判する人もいます。

そういうことではまったくないんです。アメリカの言い分を百パーセント聞いて、中国や韓国の要求にすべてハイ、ハイと言ってしたがえなんて、そんなバカな話はない。それに先方の顔色をうかがっているかどうかなんて、どうでもいいし、彼らがわかっているとかいないとかの議論も二の次でいいんです。

相手のアクションを虚心に見つめ、それが相手のいかなる内在的論理によるものかを――つまり相手の立場にできるだけ立って――冷静に分析して対応すべきではないか。私の言いたいことはそれだけです。そのうえで彼らが靖国の本質をわかっていないことが問題だというのなら、それはわかってもらうように努力すればいい。

そうした努力を怠って自分のメガネだけでものを見て、「あれはたいしたことない」とか「連中はわかっていない」「外の雑音に耳を貸す必要はない」などと内輪だけで盛りあがっているうちに事態がこじれてしまったら元も子もないと思うんです。まして、そのあとに相手への恨みを募らせるなんてことだけは避けなくてはならない。

だから私は案じているんです。国内でも議論をせずに一部の声にだけ乗っかる。国外にたいしても「ドアは開いている」などと言うだけで、あとは相手が悪いとばかりに、みずからの姿勢について言葉を尽くして説明しようとしない。こういう姿勢がどれほど各国とのあいだで軋轢《あつれき》を起こしていることか……。

「地球の裏側まで」発言

安倍政権の批判がこの講演の目的ではありませんが、もうひとつ、どうしても納得、いや我慢できないことがあります。

それは、集団的自衛権の問題です。

内閣官房副長官補の職にある高見沢将林《たかみざわのぶしげ》という人が自民党の会合で「『絶対、地球の裏側に行きません』という性格のものではない」[*12]と言いました。彼によれば集団的自衛権の発動において日本周辺以外での武力行使もありうるわけです。すごい発言ですね。もちろんこれは批判されました。

しかし、この発言のほんとうの問題は、集団的自衛権の範囲がどうこうではない。

おそらくは二十代である日本の自衛隊員が、鉄砲を担いで地球の裏側まで行って、場合によっては撃ちあいをして死ぬかもしれないという局面。この官僚はそれを具体的な光景として想像できているのか。

あなたが行くのならそれはどうぞ、ですけれども、行くのは青年ですね。軽々にこんな発言はできないはずです。

誰が戦争に行くのか、どういうかたちで動員されるのか。歴

＊12　「『絶対、地球の裏側に行きません』という性格のものではない」
二〇一三年九月十九日の自民党安全保障関係合同部会での発言。集団的自衛権行使が容認された場合の自衛隊の活動範囲について述べたもの。

史を語り継ぐとはそれらをすぐイメージ化できる、調べたり尋ねたりして検証することができる、そして発言することです。

このところの官僚や代議士の劣化は甚だしいものがあると私はかなり不満なんですが、それはともかくとして、「地球の裏側まで行く」発言は、わが国の指導者層の歴史にたいする想像力や検証能力が落ちていることを示す典型的な例だと思いますね。そのことを私たちは知らなければいけない。

戦争は政治の失敗からはじまる

私は日本の近代史、なかでも昭和史について調べております。太平洋戦争、大東亜戦争といわれるあの戦争は三年八ヵ月続いたわけですが、そこから学ぶべき重要なポイントは三点あると私は思っております。

その第一点は、戦争は政治の失敗からはじまるということです。かのクラウゼヴィッツ[*13]は「戦争とは他の手段をもってする政策の継続である」と言いましたが、少なくとも昭和史においては、「戦争とは政治の失敗の結果である」と言わねばなりません。政治に失敗したから軍事が動きだした。そのうち、はじめから政治を放棄して軍事だけで進めたのが太平洋戦争です。

ということは、政治が失敗しないように私たちは見守る必要がある。政治が失敗した先に待っているのは、けっきょくのところ子どものケンカといっしょです。言葉のもちあわせが少ないから腕力に訴える。この単純な図式のなかに落ちこまないためには、政治が失敗しないようにつねに理性的に、いろいろな国ときちんと対話をする方向を支持する。威勢のいい意見は疑ってかかる。軍事政策は最後の最後まで抑制すべしという国民の合意を、日々形成していかなくてはならない。

最後の段階でも軍事力の発動は百パーセントなすべきではないと私は思いますが、しかし人によっては何パーセントかの可

＊13　クラウゼヴィッツ　Karl von Clausewitz　一七八〇〜一八三一。プロイセンの軍人・軍事理論家。著書『戦争論』は近代戦に関する理論の古典的名著とされ、後世に絶大な影響を与えた。

能性は自衛力として残しておかなければいけないと考える人もいます。それは理解できますが、ハッキリしているのは、戦争のはじまりは内政と外交の失敗を意味しているということです。

私は政治家に失敗してほしくないんです。政治家にはどんな状況でも言葉の力を信じていてほしい。といってもその力を大衆煽動《せんどう》に向けるのではなくて、自国民と相手国の人びとの双方を説得することに充ててもらいたい。軍事力の発動を防ぐことに身命を賭し、責任をもつのが政治家だと私は思います。そのためには歴史をきちんと学ばなければいけない。太平洋戦争こそその最大の反面教師だと理解する必要があります。

政府の役目とは

第二点は、国民の生命と財産を守ろうとしない政府は、政府の名に値しない、近代において政府は、どんなことがあっても国民の生命と財産を守るのが主要な役目であるということです。

合衆国憲法に典型的ですが[*14]、政府が人民の利益に反する存在となったときは、人民にはその政府を倒す権利があるとの考えかたがある。アメリカはアメリカだ、わが国の国柄にはそんな考えかたはなじまないという人もいるでしょうが、国民の生命と財産を守るのにもっとも反するのが戦争だということには、おそらく誰も異論はないでしょう。

近代国家は戦争のとき、国民の生命と財産を総動員します。すべてが政府の統制下に入ります。だから特攻作戦や玉砕作戦が可能なんです。さらに国家は教育を押さえていますから、国家に奉公せよ、兵士となったら死ぬまで戦えと教えこむことができる。教育勅語や軍人勅諭、戦陣訓がそうですね。

これは近代国家の本質です。いざとなったら国民の生命と財産を守るべき政府が、逆にそれらを全部吸い取って、蕩尽《とうじん》するのです。だからこそ、国民はさまざまな権力抑制のシステムを

＊14　合衆国憲法に典型的ですが～
修正第二条「よく規律された民兵は、自由な国家の安全にとって必要であるから、人民が武器を保有し携帯する権利は、これを侵してはならない」（一七九一年）は、市民の武装権（武器の保有権）を保障している。これは国家権力が暴走して市民の自由・権利を抑圧するような事態になった場合、市民は武装して不正な国家と戦って転覆させることを認めたものとされる。現代アメリカ社会で銃規制に反対する人びとが拠りどころとする条文でもある。

つくり、二重三重にチェックする必要がある。これまた近代社会の基本中の基本です。

こうした社会の指導者には責任がともないます。日々の決断が同時代の社会によってチェックされ、後世の歴史家の批判にさらされる覚悟が要る。まさにノブレス・オブリージュ[*15]です。

イギリスの王室が、あるいはイギリスの指導者が国民から信頼されているとすれば、それは戦場に行くからです。死ぬ可能性があって、それは国民といっしょ。つまり、そういう範を示すことによって、政府がなぜこの戦争をはじめたのか、進めているかの責任を暗黙のうちに示しているわけです。

ひるがえって私たちの国はどうでしょうか。戦争指導者の子どもや周辺の人は死んでいるか。いささか不謹慎かもしれませんが、私は調べたんです。

たとえば、東條英機《とうじょうひでき》首相には三人の男の子がいました。兵隊になる「適齢期」ですが、誰ひとり戦死していません。日露

---

*15 ノブレス・オブリージュ　特権をもつ者の社会的責任。もともとは「貴族の義務」の意。

戦争で乃木希典《のぎまれすけ》は二人の息子を失いました。それがすばらしいとは言いませんが、太平洋戦争の指導者ではそうした例が少ないことは事実です。

むろん個々の局面では責任感に満ちた崇高な行為も数々あったでしょう。しかし、極論するならば、国民の生命と財産を取り上げながら、自分たちの生命と財産には手をつけない、きわめてエゴイスティックな政府と指導者を私たちはもっていたことになります。

これを先ほどの集団的自衛権の問題に重ねてみます。『絶対、地球の裏側に行きません』という性格のものではない」と述べる高級官僚がいる。

「じゃ、あなたの子どもが率先して行くのか」と問いたいですね。もちろん行かないでしょう。

私たちの国には、国民には兵隊に行け、死んでこいと言って財産も召し上げた過去がある。

宝飾品にけじまって鍋釜まで供出させたことはもちろんですが、国債や保険をさんざん買わせたはてに、最後は紙くず同然になった。

私は昭和二十一年（一九四六）に小学校に入学しましたが、私たちの世代のなかには徴兵保険（兵隊保険）に加入している者も少なくありませんでした。

徴兵保険とは二十歳になって徴兵検査を受けて兵隊になったときに支払われます。その掛金で大をなした有力保険会社[*16]はいまでも存在します。

あの手この手で国民のおカネを吸収し、経済をまわしてそれを軍事費につぎこむ。それが大日本帝国だったんです。それでも戦争に訴えなければよかったんですが、満洲事変以降、わずか十四年で国家を滅ぼすところまで行ってしまった。われわれはそういう政府と指導者をもち、支持していたことを肝に銘じなくてはなりません。

＊16　その掛金で大をなした有力保険会社は～
富國徴兵保険相互会社（現・富国生命保険相互会社）、第一徴兵保険株式会社（のち東邦生命保険相互会社、現・ジブラルタ生命保険株式会社）、日本徴兵保険株式会社（のち大和生命保険相互会社、現・プルデンシャル ジブラルタ ファイナンシャル生命保険株式会社）、第百生命徴兵保険株式会社（のち第百生命保険相互会社、現・マニュライフ生命保険株式会社）など。

戦争が終わったその日から苦しみがはじまる

それから第三点。

戦争とは、どちらかが降伏したその日ですべて終わりではない。あたりまえの話です。

しかし、私たちの国は、戦争の傷跡など爆弾が降ってこなくなったらそれで終わったと思っている。そうではない、そこからいろんな問題がはじまるんですね。

少なくとも二十世紀の戦争は、終わったその日から十年、二十年、三十年、四十年、五十年と尾を引きました。現に太平洋戦争の問題は、さまざまなかたちで、いまも尾を引いているではありませんか。

国土の荒廃、建物の損壊……そうしたことは復興します。しかし、いわゆるモノは復興しても、人の心はどうでしょうか。

私は高校時代、上原良司という慶應義塾大学の学生の手記を読んで感動しました。彼は特攻隊員です。昭和二十年（一九四五）五月十一日に沖縄で亡くなります。

出撃の前の晩にある報道班員が、憂鬱《ゆううつ》そうな顔をしている彼に小さい声で「君、なにか書いてくれないか」と言ったら、「いいですよ、書きます」と言ってサラサラと一時間もしないうちに書いた。それが『きけ　わだつみのこえ』[*17]に遺書として載っている。

その重要な部分は、「明日は自由主義者が一人この世から去って行きます」というものです。自分はこのファッショの日本が戦争に勝つと思わない。むしろ勝ってはいけない。自分は与えられた任務で死ぬけれども、最後まで自由主義者であるということが書いてある。こうした人たちの遺書はいまも読まれつづけているんです。

のちに私は物書きとなり、上原さんのお宅を取材しました。

＊17　『きけ　わだつみのこえ』　太平洋戦争の出陣学徒兵の遺稿集。副題「日本戦没学生の手記」。戦没学徒の手記、書簡およびBC級戦犯として処刑された学徒兵の遺書など七十五編を収める。一九四九（昭和二十四）年刊。

いまもかなり、おつきあいがあります。上原家はお医者さんの家で三人の男の子がいた。三人ともみんな戦死し、残った妹さんがお医者さんを継いでいる。

人の心はたとえ癒やされたように見えても、けっして復興しません。一族に残された傷は何年たっても消えない。上原家だけでなく、似た人びとは世のなかにいっぱいいるんです。

軍人恩給、年金の「差別」

日本の社会はそういうことにたいしてけっして寛容でないだけでなく、不合理そのもので組み立てられている。あの戦争に関して提起されたさまざまな訴訟において、裁判所の判決に「(戦争の惨禍は)国民の等しく受忍するところ」[*18]との文言がよく出てきますが、はたしてそうでしょうか。

ドイツでは戦争に行った人は将官だろうが兵士だろうが年金

＊18　国民の等しく受忍するところ

「受忍論」とは、国家の非常事態である戦争においては国民すべてが被害を受けたのだから、生命・身体・財産になんらかの被害を受けてもそれは耐え忍び、我慢しなければならないという考えかた。たとえば名古屋空襲訴訟の最高裁判決（一九八七［昭和六十二］年六月二十六日）には「戦争犠牲ないし戦争損害は、国の存亡にかかわる非常事態のもとでは、国民のひとしく受忍しなければならなかつたところであつて、これに対する補償は憲法の全く予想しないところ」とある。

は同じです。しかし、日本の軍人恩給、年金は階級によってまったく違う。しかもそれは物価にスライドする。

また戦時指導者の東條英機の話になりますが、私は彼がどんな人間だったかを、次の世代の目で書こうと思っていろいろなところを取材していました。昭和五十年代はじめのことです。

東條家からはなかなか取材のお許しが出なかったんですが、最終的に話を聞くことができた。ちょうどそのとき、あるところから東條家に電話がかかってきた。どうやら厚生省（現・厚生労働省）からで「軍人年金がまたスライドしますが、四百万円でよろしいですね」といった内容のようでした。

つまり、東條本人が生きていたら年金が八百万円もらえることになっていた。ほんとうはもっともらえるのかもしれないけれども、頭打ちになっているので八百万円。で、奥さんが寡婦として半額もらえますから四百万円。当時、サラリーマンの初任給は大卒男子でようやく十万円台に乗ったか乗らないかです。

一般兵士はいくらもらえるのでしょうか。ほんとうに何千円の単位ですよ。こういった不合理なところがあの戦争にはいくつもあるんです。

賢明な国民になる必要

そろそろ時間がきたようです。

過去の歴史的事実を検証し、日本の社会の問題点としてきちんと整理して押さえて、それを反省の糧として次へステップアップするのなら私はわかるし、そうであるべきだと思います。しかしその作業をいっさい無視して、いきなり結論だけ押し通そうとするのは大問題です。

特定秘密保護法案がまさにそうです。

ご存じのようにこの法案はアメリカの要望によるものです。日本へいくら機密情報を流しても垂れ流しになって漏れてしまうから、それを取り締まる法を整備しろとの厳しい指摘があった。その指摘自体は理解できなくもない。

しかし、その場合、われわれの歴史に照らして、たとえば治安維持法や、昭和十三年（一九三八）の国家総動員法にはどこに問題があったのか、条文を拡大解釈されないためにはどうしたらいいのかなどをしっかり議論する必要があるでしょうね。

治安維持法も国家総動員法も官僚が運用したんです。そして際限なく拡大解釈されていきました。それどころか法に引っかけるために事件の捏造《ねつぞう》、さまざまなごまかしさえあった。

そういうことへの反省と検証をいっさい抜きにして、「いまは昔とちがう」「いまの日本は民主主義国家だから大丈夫」などとして特定秘密保護法をつくることを強行しようとするとはまったくおかしな話です。かえって最近では民主主義の枠を越えるのではないかといって、アメリカのメディアが特定秘密保護法案にたいして批判をはじめていますね。

民主国家は所与の前提として存在するのではなく、日々の行動や実践の結果として成り立つものなのですから、「いまは昔とちがう」などという言い分はナンセンスとしか言いようがない。だいたい国会での質疑の時間の異常な短さはなんなのか。総理がなんども答弁したらボロが出るからじゃないのか（笑）。

私たちは背筋をピシッと伸ばして、政府や指導者の言うことをきちんと見わける視点をもたないと流されていってしまいます。極端かもしれないけれども、また命と財産を預けてくれよと言われることのないように、賢明な国民になる必要があるのではないかなと、とくに昨今は実感します。

いまはまだ小さな芽です。しかし、これが肥大化していって手に負えなくなるまえに、できればこの実感を、みなさんにも共有してほしいというのが私の希望です。

意のあるところを汲《く》んでいただければ幸いです。ご静聴、ありがとうございました（拍手）。

「戦後」と「ポスト戦後」のはざま

姜尚中

「戦後七十年」はあるだろうか

本日はたくさんの方がお出でくださっています。ありがとうございます。

わたくしは今回、ちょっと大味なタイトルをつけてしまいました。

「戦後」と「ポスト戦後」などと言われてもよくわからないと、みなさんからお叱りを受けるかと思いましたけれども、話の間口を少し広くしておけば、保阪さんのお話と、このあとの雨宮さんが語ることをうまくつなげるのではないかと考えたしだいです。そのうえで、ひとつの思考実験についてお伝えできればいいなと思っております。

わたくしは数年前に「戦後七十年」はあるだろうかと考えたんです。二〇一五年、平成二十七年がちょうど「戦後七十年」

「昭和九十年」にあたります。

アメリカの著名な日本研究者でキャロル・グラック[*1]という人がいるんですが、彼女がずっと以前に、「戦後」なる呼称である時代を半世紀以上も括《くく》っている国はあまりないのではないかと述べました。彼女の言葉を使えば「かくも長い戦後」ですね。

たしかに「戦後」と言われても、若い人のなかにはピンとこなくなっているかもしれません。ひょっとしてイラク戦争後なのか、湾岸戦争後なのか……そう思われてもおかしくないのではないか。

しかし、日本に生きているわたくしたちのコンセンサスとして、一九四五年（昭和二十年）八月十五日をひとつの分水嶺にして、「戦前」「戦後」と分けている。「戦後」という時代はもう六十年以上も続いています。一九五〇年（昭和二十五年）に生まれたわたくしも、還暦をすぎてしまいました。いったい、いつまでが戦後なんだろう。そう考

＊1　キャロル・グラック　Carol N. Gluck　一九四一年〜。アメリカの歴史学者。シカゴ生まれ。ウェルズリー大学卒業。コロンビア大学教授。日本近代史専攻。著書に『歴史で考える』（梅崎透訳、岩波書店）などがある。また『日本はどこへ行くのか』（日本の歴史25、講談社学術文庫）にはグラックと姜の論考が収録されている。

えると、六十年前後で「戦後」はもう打ち止め、このままいけば「戦後七十年」はないのではないかという気がわたくしにはするんですね。

post-post war

さきほど保阪さんが指摘された靖国神社や集団的自衛権、さらには歴史認識をめぐって日中、日韓、日米にさまざまな問題があります。それ以外の諸国とのあいだにもいろいろある。そういったことと「戦後」の終わりをどうとらえたらいいのか。

さまざまな力学が交錯するなかで「戦後」は自然に終焉《しゅうえん》を迎えようとしているのか、それとも「戦後」を終わらせたい、終わらせようとする力が表面化しているのか……判断のわかれるところでしょう。

そのときが「戦後七十年」の呼称がふさわしい時空間である

のか、やはり別の呼び名が与えられるべきなのかはわかりませんが、とにかく思考実験として考えてみるべき時期にきているのではないかとみなさんに申しあげるために、「ポスト戦後」というちょっとヘンな用語をひねり出してみたわけです。英語で「戦後」とは post war ですから「ポスト戦後」は post-post war ということになります。

いま、ざっと会場を見渡したかぎりで言うと、若い人もかなりおられますが、わたくしより上の世代の方の占める割合が高いように思われます。どうもわたくしが出る集会は、参加者のほとんどが自分より年上の人である場合が多い（笑）。これは歴然とした事実であります。

きっと新聞社は、もっと若い人にこのホールに来てほしいでしょうし、なにより新聞を購読してほしいにちがいない（笑）。老壮青が新聞を読み、議論し、ハーモニーをなすのが理想でしょう。しかし、なかなかそうはいかないんですね。

ここに来ていらっしゃる多くの方は、「戦後」という言葉のなかに、たぶん平和とか、自由とか、基本的人権とか、男女同権とか、民主主義とか、国民主権とか、繁栄とか、安定とか、さまざまなイメージを想起するのではないかと思います。非常に明るい時空間としての「戦後」ですね。

しかし、それは若い世代にとっては使い古された、新鮮さのない、聞き飽きたものとして感じられている面もあるのではないか。

現状肯定の裏側

いま、社会にたいする意識を調査すれば、おそらく若い人びとの六割以上は「いまのままでいい」と答えるのではないかと思います。現状肯定の裏側には、いちおうまあまあ平和だ、いちおうまあまあ繁栄はしている、いちおう自由もある、そして民主主義もあるとの思いがあるのでしょう。

　しかし、一方でなにか社会の底で大きな変化が起きており、それが非常に大きな不安をかきたてている。漠とした不安の感覚をもっている人も少なくないのではないか。

　あの東日本大震災から二年半余がたちましたが、じつはことし二〇一三年は、関東大震災[*2]から九十周年でした。大正十二年（一九二三）、帝都東京を大震災が襲った。それから数年たって昭和恐慌があり、世界大恐慌があり、そして満洲事変へと時代は移り変わっていくわけです。

　たぶん、大正デモクラシーと言われている時代はわずかだったわけですけれども、みんながそういう時代を謳歌しているようでありながら、一方でどうもこれは食べ飽きたごはんのようなもので、いわく言いがたい退屈感や、芥川《あくたがわ》龍《りゅう》之介《のすけ》が遺書に記した「ぼんやりした不安」[*3]があったのではないかと思いますね。さらには恐慌以降に生じてきた貧富の差、社会的不公平が

＊2　関東大震災
相模湾北西沖を震源として発生したマグニチュード7・9の地震による災害。京浜地方を中心に関東から静岡東部に被害をもたらし、建物の倒壊と火災によって死者・行方不明者は十万五千人余という、日本の災害史上最大級の惨事となった。

＊3　「ぼんやりした不安」
芥川は昭和二年（一九二七）七月

あります。そこからあえて「社会の敵」を見出して安心したい、「すべて○○が悪いんだ」「なにか事あれかし」との心性が醸成されてくる。

それまでの社会秩序や穏健なデモクラシーなど古くさく見えてきて、ある者は共産主義に走り、ある者は超国家主義を奉ずるようになる……。

お断りしておきますが、わたくしは「ポスト戦後」が「戦前」の反復であるなどと言いたいのではありません。歴史はくりかえすと言いますが、まったく同じことが起きるはずはありません。人間はもう少し賢いと思います。

ともあれ目を日本の外に転じてみましょう。

日本の本土から一歩外側に出てみる

「戦後」という時代は、日本国内から見れば、いま申しあげた

二十四日に自殺するが、遺書とされるものは何通かある。「ぼんやりした不安」という文言があるのは久米正雄にあてたとされる「或旧友へ送る手記」。

「……自殺者は大抵レニエの描いたやうに何の為に自殺するかを知らないであらう。それは我々の行為するやうに複雑な動機を含んでゐる。が、少くとも僕の場合は唯ぼんやりした不安である。何か僕の将来に対する唯ぼんやりした不安である」

ような明るいイメージで語られる部分がかなりあったわけで、だからこそ、五五年体制と称される自民党を中心とする政治体制を多くの日本国民は支持してきた。

しかし、日本の本土から一歩外側に出てみる。つまり「戦後」を、もっと国際的に、大きな地域的な観点から見ていったときにどうとらえるかですね。

日本の米軍基地の大多数が沖縄にあることはみなさんも知ってのとおりです。面積としてわずか数パーセントにすぎないところにそれこそ膨大な基地を置いているわけで、沖縄に行けば本土とはかなり違う空気を肌で感じられる。しかし、同時に韓国に行けば、また違う面を感じると思いますよ。

わたくしは最近、NHKで番組を撮りました。西海岸の木浦《モッポ》から国道一号線を北上してソウルまで行き、三十八度線でいちおうの旅を終える構成です。そのときに論山《ノンサン》訓練所というところ[*4]を訪れました。

＊4　論山訓練所というところ　大韓民国忠清南道論山市に置かれた新兵養成所。韓国の青年は入所の際に身体検査などを受けたのち、軍服・軍靴などが支給される。青年たちは基本軍事訓練を受けた後、本格的な軍務につくべく各地に配属される。このほか陸軍訓練所はソウル首都圏の議政府《ウィジョンブ》市、江原道の春川《チュンチョン》市にも置かれているが、論山訓練所は最大の規模を誇り、毎年、陸軍新兵の四三パーセントにあたる十二万人余りを養成している。

いまの韓国は徴兵制を敷いています。若者は二年間の兵役に服します。初年兵は論山で数ヵ月間の訓練を受けて前線に配備されます。その訓練をはじめて海外のメディアに公開してくれたところを、わたくしは見たわけです。

ふつうの若者が恋人やお父さん、お母さんと別れてそこで生活を送り、軍役につかなければいけない。零下二十度、零下十五度のところの最前線に立つこともあります。ほんとうにあどけない若者が、一部屋に十人、一人あたり畳一畳ぐらいのスペースのところに寝起きして、過酷な訓練に耐えている。こうしたことを想像できる日本人は、もはや軍隊経験のある八十代後半以上の方か、自衛隊にいた人しかいないでしょう。

「戦後」を成り立たせていた構造

いまの韓国はエレクトロニクスや自動車やいろいろなところ

で日本の競争相手になっていますが、社会の実態を見ると、ほとんどの若者が過酷な青春期を送らざるをえないようになっている。これが現実なわけです。

いまでも韓国の市民は、ソウルのロッテデパートの地下に迷彩色の軍服を着た人が入ってきて、十人、二十人たむろしてもなんとも思いません。ありふれた光景です。しかしどうでしょうか。銀座かどこかのデパートに訓練用の服を着た自衛隊の方々が数十人入ってきて、ものを買おうとしたときにはおそらくふつうの日本の市民はギョッとすると思います。つまり、それほどに日本と韓国は大きな違いが出てきてしまったわけですね。

最近になってもそうですから、一九四五年以降、とくに朝鮮戦争が起きてからはほんとうにたいへんな時代が続きました。韓国ではクンサムナ、「軍事文化」という言葉があります。わたくしも一九七一年にはじめて韓国に行ったのですが、ほんとうに暗い時代でございました。軍とKCIA*5（韓国中央情報部）

＊5　KCIA
大統領直属の韓国の情報機関。一九六一年創設。一九七三年に金大中事件を起こす。一九八一年に国家安全企画部（ANSP）に改組されたが一九九九年に廃止された。新たな情報機関として設立されたのが国家情報院（NIS）である。

はアンタッチャブルな聖域で、勝手放題のことができたわけですね。

巷《ちまた》にはたくさんの軍人がいる。そして、情報統制がなされ、国民はなかなかものが言えない。それでも国を守るために軍役につかざるをえないのが実状でございました。

同様に台湾も、かなりの方が反政府運動で亡くなられて、蔣介石《しょうかいせき》政権が国共内戦から台湾にのがれてきてからも、台湾にはずっと戒厳令が敷かれておりました。*6 台湾は、李登輝《りとうき》以後のいまでこそ民主的国家のイメージがありますが、戒厳令の長さにおいては最長記録をもっていたわけです。

いま、わたくしはなにを言おうとしているか。

日本のまわりには、軍事優先の空間、すなわち沖縄・韓国・台湾が存在し、ソ連や中国、北朝鮮の共産主義に対峙《たいじ》していました。この構造が「戦後」を成り立たせていたことに目を向ける必要があると思うのです。

*6 台湾にはずっと戒厳令が〜
日本の敗戦後、台湾は中華民国（国民党政府）の領土として返還された。しかし国民党政府の官僚や軍人の腐敗は激しく、日本統治下で生きてきた台湾の人びと（本省人）の祖国復帰への喜びは失望に変わった。一九四七年二月二十七日、官憲によるヤ

一方、韓国と台湾では軍と情報機関が大きな柱になっていて、その抑圧の下で人びとは生きていかなければなりませんでした。光あるところには影があります。日本の明るい「戦後」は韓国や台湾の暗い時代とコインの表裏の関係にあるのです。

身軽な国

アメリカと韓国、アメリカと台湾、アメリカと日本といったようにアメリカをハブにしながらそれぞれの国がスポーク状に結びつく。そのうえで日本と韓国と台湾はアメリカを背景として関係をもつ。この構造のなかで日本の「戦後復興」がなしとげられました。

これに目をつけたのが吉田《よしだ》茂《しげる》内閣以来の自民党政権でした。沖縄を含めて東アジアをコーディネートするのがアメリカ合衆国です。アメリカや周辺諸国がもつ「戦前」の記憶を逆手に

ミ煙草売りの女性への暴行事件が発生する。翌二十八日の抗議デモにたいし憲兵隊は無差別に発砲（二・二八事件）、一連の事態を反乱とみなした国民党政府は本省人にたいして徹底的な弾圧を加えた。二万八千人もの人びとが殺害・処刑されたといわれる。この間に戒厳令が発令され、一九四九年に国民党政府そのものが台湾に逃れてきてからもその状態は続いた。戒厳令が解除されたのは一九八七年のことである。

とり、できるかぎり軍事力が大きな役割を果たさないようにしよう。そのかぎりにおいて憲法第九条は抑制的な効果をもつし、自衛隊には自衛隊法で枠をはめ、シビリアンコントロールを利かせる……。

タテマエとしては憲法改正、再軍備を掲げていても、冷戦の時代のなかで反共の最前線には韓国が立ってくれる。緩衝地帯としての韓国をもつことによって軍事力は日本の防衛に徹する最小限度の自衛力に抑えられるし、平和も維持できる。なにより経済成長に専念できる。

諜報《ちょうほう》機関もほとんどなくていい。小さな組織ですむ。せいぜい内閣調査室*7があるぐらい。国内においてはできるかぎり言論の自由を保障する。

こうした役割分担のおかげで、日本ではある種の「コップのなかの平和」が達成できたわけです。

要するに「戦後」の民主化と平和は、大日本帝国が敗北とい

＊7　内閣調査室
一九五七年八月設置。略称は内調。内閣官房に属する情報調査機関。「内閣の重要政策に関する情報の収集及び分析その他の調査に関する事務」をおこなう。一九八六年に内閣情報調査室に改組。

うかたちですべてを放り出して、内側においても外側にたいしても身軽な国になったことを意味します。

しかし、その身軽になった部分は、かつて支配した韓国と台湾によって代替されていた。つまり、日本のなかで基本的人権の尊重がなされ、言論の自由があるということは、裏を返して言うと、海を隔てた韓国では軍人が闊歩《かっぽ》し、すさまじい人権弾圧がおこなわれ、言論の自由がないということだったのです。

四十億ドルの経済協力

この場にいらっしゃるみなさんならご記憶かと思います。韓国で光州事件[*8]が起きて、そのあとに全斗煥《チョンドゥファン》政権が成立したときのことを。

中曾根内閣とのあいだで、わたくしの記憶がまちがいでなければ四十億ドルの経済協力、援助がなされた。

＊8　光州事件
一九七九年十月の朴正熙大統領暗殺以降、韓国内では戒厳令が敷かれ、政治的混乱が続いた。高まる民主化運動のなか、一九八〇年五月十七日に全斗煥、盧泰愚らが軍事クーデターを決行、金大中ら野党指導者を逮捕、連行する。これを機に金大中の出身地である全羅道では学生を中心に戒厳令の解除と民主化を求める大規模なデモが発生した。とくに全羅南道光州市で運動は激しく、戒厳軍はこれを武力鎮圧。多数の死傷者が出た。全斗煥、盧泰愚、金大中のいずれも、のちに大統領となる。

韓国側の最初の要求は百億ドルだった。軍事力で日本を守っているのはわれわれなのだから、それくらい当然だとの主張が韓国側から出てきたわけですね。

多くの日本国民は驚きました。アメリカがわれわれを守ってくれているのはたしかだけれど、韓国に守られているとは思っていなかったとの思いでしょう。

しかし、韓国からすれば三十八度線の向こうにいる北朝鮮、そして中国の共産勢力を食い止めているのは自分たちだということになります。そのあたりは日本政府も心得ていて、沖縄返還に関する一九六九年十一月のニクソン大統領と佐藤栄作《さとうえいさく》首相による日米共同声明では「朝鮮半島に依然として緊張状態が存在することに注目」がなされ、佐藤首相は「韓国の安全は日本自身の安全にとって緊要である」と述べています。これを韓国条項[*9]と言います。まさしく冷戦下の論理にして日本の「戦後」の裏側です。

＊9　韓国条項
のちの一九七四年、田中角栄内閣の木村俊夫外相は、国会答弁で、韓国の安全と日本の安全を直結させる認識は冷戦的思考として退けた。しかし次の三木武夫内閣においては「韓国の安全は朝鮮半島の平和維持に緊要であり、朝鮮半島の平和維持は日本を含む東アジアの平和と安全にも必要」とされた（一九七五年八月の三木首相とフォード米大統領による共同新聞発表）。これは「新韓国条項」といわれる。

その後、この条項は、文言こそ微妙に変化しますが日米両政府によっておおむね踏襲されてきました。これが一九八三年一月の中曾根訪韓で韓国側から念押しされたわけです。

満洲国の影

このころの日韓関係は、いまみたいな険悪なことはありませんでした。少なくとも日本の政権を握っている側は、韓国を「非常に遅れた国、依然として軍部が独裁をほしいままにしている国」だと心のどこかで思っていたでしょう。この点はいわゆる進歩的知識人も同じかもしれませんけれども。

同時に日本の指導者層は、「わが国の安全保障にとってはむしろそれが望ましい。なぜならば韓国の存在は自分たちの軍事力への出費をできるかぎり最小限にしてくれる。そしてなおかつ共産主義にたいする大きなバッファーになってくれる」と考えていたはずです。だからこそ、日本と韓国とのあいだには癒着関係がずっと続いていていたわけですね。

その最大のブローカーは現在の安倍晋三首相のおじいさんにあたる岸信介《きしのぶすけ》*10という人です。いうまでもなく安保改定をおこなった人です。時の大統領だった朴正熙《パクチョンヒ》*11はいまの朴槿恵《クネ》大統領*12のお父さん。この二人には満洲という共通項があります。

統制経済を奉じる商工省の革新官僚として鳴らした岸信介は満洲に渡り、鮎川義介《あゆかわよしすけ》ひきいる日産コンツェルンを引き入れて大規模な工業化をはかります。やがては満洲国の影の総理といわれます。

一方、朴正熙は、朝鮮大邱《テグ》の師範学校を出て学校の先生になったものの、満洲国の首都新京の軍官学校に入りなおして満洲国軍の中尉となります。日本名は高木正雄。

この二人は満洲での接点こそありませんでしたが、戦後に日韓両国の指導者として出会い、刎頸《ふんけい》の友になるわけです。ここ

*10 岸信介
一八九六〜一九八七。農商務省に入省、同省が分割された際に商工省入りする。さらに満洲国産業部次長に転じ、「革新官僚」として満洲国を切り盛りした。一九四一（昭和十六）年には東條英機内閣の商工相。敗戦後、A級戦犯容疑者として逮捕されるも不起訴。追放解除後の五二年に初当選。自由党憲法調査会会長として改憲と再軍備を主唱、五七年、退陣した石橋湛山の後を襲い組閣。安保改定を成し遂げ、六〇年に退陣。その後も政界に隠然たる力を振るい「昭和の妖怪」と呼ばれた。安倍晋三は孫。

からも日韓の見る「戦後」像の違いを考えることができるはずです。

それから、北朝鮮も満洲を建国神話の礎にしております。金日成《キムイルソン》は、満洲国内において抗日パルチザンを戦った。とは言え、それは大規模なものではありませんでした。

また、息子の金正日《ジョンイル》*13は満洲で生まれたことになっております。しかし、これは真っ赤なウソです。彼は父親が旧ソビエト領内に逃げていったときに生まれている。完全に神話です。神話だけれども、日本と韓国と北朝鮮は、それぞれ「戦前」の満洲国を母胎とし、国際的に見た「戦後」の構造をつくりだした。

韓国が民主化されたがゆえに

概して「戦後」の日韓は、国家間の関係においては良好だった。しかし、国民と国民、市民と市民との関係はそうではあり

＊11　朴正熙
一九一七～一九七九。韓国の軍人、政治家。一九六一年、陸軍少将のときに軍事クーデターを決行、国家再建最高会議を組織する。一九六三年に大統領当選。一九六五年には日韓基本条約を締結し、「漢江の奇跡」と称される高度経済成長を実現させた。一方、大統領権限を強化し「維新体制」を敷き、軍事独裁と批判された。一九七九年十月二十六日、側近の金載圭ＫＣＩＡ部長に射殺された。

＊12　朴槿恵大統領
一九五二～。韓国第十八代大統領。朴正熙の長女。母・陸英修の暗殺後、若くしてファースト

ませんでした。というよりは、交流がさほど大きくなかった。情報も少なかった。

韓国では、軍をシビリアンコントロールの下に置くためには莫大な犠牲が必要であった。さらに中央情報部を完全に制御するために膨大なエネルギーを割かなければいけなかった。それには一九八七年までかかったんです。一九八八年にパルパル（八八）、ソウル・オリンピックがありましたけれども、韓国とは、そのときまで一度も民政移管ができていなかった国なんです。

けっきょく、韓国の民主化とは軍部を抑制できる時代がきたということです。市民を代表する政府が軍の首根っこをつかんで、政治を壟断《ろうだん》させないシステムにようやく切り換えられた。

韓国は民主化されました。これはまちがいありません。その度合いは別にしても、もう二度と軍人がクーデターを起こすことはないでしょう。今回、朴槿恵大統領の選挙で、中央情報部の後身たる国家情報院の介入があったことが大問題になってい

レディー役を務める。父の暗殺後は政治の第一線から身を引いていたが一九九七年のアジア通貨危機を機に政界復帰。二〇〇四年にハンナラ党代表に就任。二〇〇七年には党の大統領候補選挙に出馬するも李明博に敗れる。二〇一二年の大統領選で当選。東アジアではじめての女性大統領となる。歴史認識などをめぐって日本にたいして強硬な姿勢を取る。

＊13　金正日
一九四二～二〇一一。実際は父の金日成が「日本帝国主義」から逃れ滞在していたソ連極東地方で一九四一年に生まれたとされる。一九七四年に金日成の後

ますが、それが大問題とされるほど民主化は進んだのです。かつてとは比べるべくもなく国民は自由にものが言える。

日韓双方で、一年間に五百万の人が行き来するようになりました。これはたいへんなことです。

近代以降、はじめて韓国は日本と対等な立場に立てる日がやってきました。しかし、そうなったときに日韓の国家間の関係が思わしくなくなってきた。

それは「戦後」を支えてきた基本構造が揺らいだからでしょう。かつては市民や国民同士がうまくいかなくても、国家間、指導者間の関係はうまくいっていた。冷戦下、反共の最前線に立つ国とそれを支える国。

しかし、いまは民主化されたがゆえに、北朝鮮や中国に向きあうために韓国は必ずしも頼りにはできなくなった。

民主化された軍隊、民主化された国家、それはかつてのような「反共の砦」ではないでしょう。現に、韓国は貿易額におい

継者として「推戴」された。九四年の父の死去にともない最高指導者としての統治を開始。先軍政治を進め瀬戸際外交をくりかえしたが、二〇一一年十二月に心筋梗塞のため死去。

て世界最大の貿易相手国は中国になってしまいました。こうなると、昔のような国家間のうまい関係は成り立たなくなります。韓国や台湾に代替させてきた軍事的な力を、いまや日本自身が自前でもたざるをえなくなった。アメリカもまたそれを承認、あるいは黙認する。

アメリカの覇権は少しずつ少しずつ、確実に衰えています。日本が集団的自衛権を行使することをアメリカがウェルカムと考えるのは無理もない。それを見越した日本側から積極的に働きかけたのではないかと、わたくしは思っています。

この段階でわたくしは「戦後」の終焉と「ポスト戦後」のはじまりということを考えざるをえないんです。

傍受すべき対象であると同時に傍受する仲間

現代における軍事の問題は、情報通信システムや諜報活動とは一体になっているはずです。

いま、世界中に、スノーデン氏[*14]によって発表されたように、アメリカの国家安全保障局（NSA）を中心とした諜報網がはりめぐらされています。イギリスには政府通信本部（GCHQ）、という約一万一千人を擁する諜報機関があります。これは、かつてナチス・ドイツとの戦争で解読不能といわれた暗号「エニグマ」を破った政府暗号学校とその他の諜報機関がいっしょになってできた機関ですね。ドイツのメルケル首相の携帯電話盗聴の一件も、イギリスの介入なしにアメリカだけではできなかったでしょう。

おそらくアメリカは日本の位置づけを変えてくるでしょう。同盟国たる日本は傍受すべき対象であると同時に、イギリスのように傍受する仲間になってほしいと。つまり、ユーラシア大陸をはさんで東の端と西の端が、いわば親としてのアメリカを通じて結びつく。

＊14　スノーデン氏
Edward Joseph Snowden　一九八三〜。NSAや中央情報局（CIA）の情報技術職員として、アメリカ政府の諜報活動に従事。二〇一三年に香港に逃亡、英紙『ガーディアン』などにNSAによるアメリカ国内および世界各国にたいする盗聴の実態を暴露した。

さきほど申しあげたように、日本には大きな諜報機関はありません。「戦後」構造では必要なかったからです。しかし、「ポスト戦後」になったとすれば、そうはいかない。

国民の知る権利や報道の自由の観点からだけではなく、この文脈から特定秘密保護法案は考える必要があるでしょう。

特定秘密保護法案の背景には、イギリスがやっているような盗聴や傍受を日本にもしてほしいとのアメリカの思惑があるのではないか。「傍受によって得た情報を漏らすことにたいするなんらかの制裁措置がなくては危なくてかなわない。第二、第三のスノーデンが日本に出てきてもらっては困る」ということではないかと、わたくしは見ております。

すでにアメリカは二〇一一年に、日本政府にたいして光ファイバーの海底ケーブルの傍受を依頼しております。

現在、中国からのデータ通信はいちおう有線、つまり光ファイバーの海底ケーブルを通さなければいけない。その中枢部に盗聴装置というか傍受装置を置いて、中国のデータ、韓国のデータ、北朝鮮のデータをほとんど傍受してもらいたいとの要望ですね。

当時の民主党政権はこれを断りました。法的にも問題がクリアできていないし、またそれだけのスタッフがいないとの理由だったそうですが、いまはどうなっているか。わたくしにはわかりません。安倍政権になって変わっているかもしれません。

「アメリッポン」

「アメリッポン」なる造語があります。アメリカ＋ニッポン。かつてアメリカの大統領補佐官であったブレジンスキー[*15]という人が言いました。

「ひよわな花・日本」はつねにアメリカとの関係においてしか、ものを考えられなくなっている。その点で脆弱《ぜいじゃく》だと、もとも

＊15　ブレジンスキー
Zbigniew Kazimierz Brzeziński
一九二八年〜。アメリカの政治学者。ポーランド出身のカナダ育ち。ソ連の政治体制を「全体主義体制」のひとつと位置づけ、共産圏の研究に新生面をひらいた。カーター政権時に大統領補佐官（国家安全保障問題担当）を務めた。

とは批判的なニュアンスで用いられたのですが、集団的自衛権を行使することになれば、これはまちがいなくアメリッポン、それも強いものになる。これから日米の同盟関係はもっと深まっていくと思います。

韓国はこれにたいして、一言で言うと脅威感をもっております。なぜか。

もし韓国が北朝鮮と軍事衝突したら、アメリカは米韓相互防衛条約*16に基づき自動的に韓国を守らなければいけない。朝鮮半島で戦闘状態に入ったアメリカにたいして、日本が集団的自衛権を行使すれば、朝鮮半島に日本の軍事力、おそらくは自衛隊が足を踏み入れることになります。

これをめぐって韓国国内には是か非かの、かまびすしい議論がある。かつて植民地として支配した日本が、こんどは同族同士の争いにアメリカとともに足を踏み入れることになるのですから。

---

*16　米韓相互防衛条約
一九五三年、朝鮮戦争の休戦後に米韓の間で結ばれた集団防衛同盟。日米安全保障条約とならびアメリカの東アジア政策の基軸をなす。北朝鮮の南下を防ぐ意味で在韓米軍の駐留を認め、韓国軍の増強も実現した。アメリカの世界戦略の変更にともなってタイやフィリピンから米軍

「ポスト戦後」の時代に移り変わろうとするなかで、日本と同様に、韓国は非常なジレンマに立たされています。

アメリカが衰退し、中国が台頭する。韓国は中国とアメリカのあいだのジレンマに立たされる。日本では「ポスト戦後」に向かった動きが加速する。そして世界経済は不安定なまま先行きがどうなるかわからない。グローバリゼーションのなかで、日本のように超安定といわれてきた社会ですら不安定な状況になっています。韓国はもっとそうです。

明日が見えない、だから考える

そういう状況のなかで確実に言えることは、これは雨宮さんのお話につながるかと思いますが、若者にとって明日が見えないということですね。

韓国はすでに労働人口の半数以上が非正規雇用になりました。

が撤退するなか、現在のアジアでは米軍の駐留は日本と韓国に集中している。

日本ですらこれだけ若者がたいへんなときに、二年間もすべてをなげうって兵役につかなければいけない。こういう過酷な条件のなかで自分たちのサバイバルを考えていかざるをえない。生きていくのに精いっぱいなわけです。

日本でも非正規雇用は労働人口全体の四割以上になっているんじゃないでしょうか。まだまだ今後どうなるかわかりません。そうなれば、けっきょく排外的ナショナリズムが出てくるわけですね。

韓国のなかにも日本のなかにもたくさんの問題があって、双方ナショナリズムが非常に起きやすい状況になっていると、わたくしの目からは見えます。

ある国際政治学者[*17]はこんな趣旨のことを述べています。

「ナショナリズムはその社会の安定と反比例する。安定し、分裂がなかなかない社会ではナショナリズムは低くなっていく。しかし、安定が崩れ、分裂すればするほど、自分と国家を一体

＊17　ある国際政治学者〜
ハンス・J・モーゲンソー（Hans Joachim Morgenthau　一九〇四〜一九八〇）のこと。ドイツ出身の国際政治学者。フランクフルト大学

化しようとの心理が多くの人びとの心をとらえる」

わたくしは一人ひとりの市民の良心、市民のコモンセンス、良識はあると思います。多くの人びとが戦争を望んでいるわけでもありませんし、対立を望んでいるわけでもありませんし、憎しみをもつわけでもありません。しかし、たいへん残念なことに、ひとたび社会のなかに大きな声が起きはじめるとなかなかわたくしたちは声を出しづらくなってくる。ひとつの空気ができあがる。

発言の文脈は違いますが、麻生《あそう》副総理が「ナチスの手口を見習ったらどうか」と発言して非常に物議を醸しましたね。あれを聞いて、不安を感じた人は多いと思います。ワイマール共和国という、当時もっとも民主的と謳われた体制も、社会や経済が混乱するなかで崩れていきます。人びとが「なにか違うものがほしい」と漠然と願う空気のなかから、国家社会主義ドイツ労働者党（ナチス）は出てきました。

で助手を務めていたが、ナチスの迫害を恐れてアメリカに移る。シカゴ大学教授、ニューヨーク市立大学教授。国際政治を権力闘争、国益（national interest）の角逐としてとらえる現実主義学派の代表的存在。

そんなことのないように、わたくしたちは状況認識について、しっかりと読み、聞き、自分の頭で考えなくてはなりません。ご静聴どうもありがとうございました（拍手）。

若者の生きづらさと憲法

雨宮処凛

いま、三十八歳

――続いては雨宮処凛さんにお話をいただきます。講演よりも対談のほうが、話がはずむとのことでしたので、聞き手として池野敦志・北海道新聞社編集委員にお願いすることにいたします。

池野　本日はご来場ありがとうございます。北海道新聞の池野と申します。雨宮さんには、講演に代わりまして私が質問して答えていただくかたちをとることになりました。よろしくお願いいたします。

雨宮　滝川出身の雨宮処凛です。よろしくお願いします（拍手）。わたし、姜尚中さんの大ファンで、ここだけの話ですけれど「姜尚中の写真集出版を求める会」の会長をやっているんです。まだ会員三人なんですけれども（笑）。

池野　ご賛同される方はのちほど……（笑）。まずは雨宮さんの実際のご活動を具体的にお話しいただければと思います。

雨宮　わたし、一時期うっかりまちがえて右翼団体に二年ぐらい入っていたことがあるんです。二十代前半のころです。いま、三十八歳なんですけれども。

その後、二〇〇六年にプレカリアート運動[*1]と出会います。プレカリアートとは「不安定なプロレタリアート」という意味の造語です。新自由主義のもと、不安定な生活を強いられている人たち、これは非正規雇用者にかぎらず正社員層もいまとってもたいへんな状態なので、格差とか貧困とかの問題にずっと取り組んでいます。

最近だと生活保護問題。二〇一三年の八月から切り下げになりました。安倍政権になって真っ先に打ち出されたのが生活保護の引き下げなんです。弱者を切り捨てることに反対していろ

＊1　プレカリアート
イタリア語で「不安定な」を意味するプレカリオ（precario）と「労働者階級」を指すプロレタリアートが合わさって生まれた語。イタリアで路上に落書きされたのがはじまりという。

いろな活動をしている……まあ、そんな感じです。

戦後ではじめてホームレス化した世代

池野　いま、おっしゃったテーマについて、具体的に本をお書きになったり講演をされたりしていますね。

雨宮　肩書的には作家になりますか。作家、あるいは活動家。なにする人か、よくわからないって言われることも多いです（笑）。昔から「なんにでも反対する人」みたいに言われることもありますが、それはちょっと違います。

反対するには理由があるわけで、それに日本の社会では反対と言わないと賛成・容認にカウントされてしまうことを原発事故で痛感したので、三・一一以降はよりいろんなことに理由を明確にして反対しています。

とくに貧困の問題については大きな声を出しています。

さっきも言いましたけれど、わたしはいま三十八歳で団塊ジュニア、就職氷河期世代。いわゆるロストジェネレーションです。わたしたちより下の世代が、みんな、まんべんなくたいへんな状況になっていると思うんですね。

終戦直後は別にして、たぶん、わたしたちの世代が戦後ではじめてホームレス化した世代じゃないか。ちょうどわたしが三十歳になるぐらいから、同世代の貧困化の問題がクローズアップされはじめました。二〇〇八年のリーマン・ショック後には「年越し派遣村」[*2]ができました。「一億総中流」が、一九八〇年代から九〇年代前半までは言葉としてあったと思うんですけれども、それが九〇年代なかばぐらいにどんどん崩れていった。学校で教えられた「頑張れば報われる」という「戦後日本の神話」みたいなものが、自分が社会に出るころにはまったく通用しなくなった。それはいまも続いているわけですよね。

どうすれば幸せになれるか、どうすれば最低限の生活が維持

＊2　年越し派遣村
行き場のない労働者らに年末年始の食事と寝泊まりできる場所を提供しようと、労働組合や支援団体が東京の日比谷公園に設け、生活保護の相談などにも応じた。二〇〇八年十二月三十一日から二〇〇九年一月五日までのあいだに想定を上回る人が集まり、実行委員会によると五日朝までの「入村者」は約五百人に達したという。事態を受けて厚生労働省は一月二日に省内の講堂を緊急開放した。

できるか、ホームレスにならないですむか、餓死しないでいられるか、自殺せずにすむか……こういったことが、たぶん九〇年代なかばぐらいから本気でわからなくなって、いまに至るまでその答えは出ていないと思うんです。わたしは、そうした状況において社会に出た第一世代にあたると思っているんです。

被害者意識

雨宮　わたしは一九九三年に北海道の高校を卒業しました。二十歳になった九五年、戦後五十年の年に阪神・淡路大震災と地下鉄サリン事件がありました。いま思うと、震災で戦後の繁栄が音を立てて一夜にして崩れ、その二ヵ月後、オウム事件によって、戦後の日本を支えてきた価値観というものが、ガラガラと崩壊していくのを目撃しました。そのうえ、自分はフリーターで、学校で教わったことは全部ウソだったという気分のなかにいました。頑張っても報われない時代がはじまっていました。そこには学校で教えてくれない「靖国史観」的なものが入りこむ余地がありました。で、翌九六年に右翼団体に入ったんですね。

九六〜九七年ぐらいから、日本の若者が外国人労働者とあまり変わらない状況になってきた。九八年には小林よしのりさん[*3]の『新ゴーマニズム宣言SPECIAL―戦争論』（幻冬舎）が発売されます。若者の雇用不安みたいなものとナショナリズムが密接なかたちで結びついていることが二〇〇〇年ころから指摘されはじめますが、それがどんどんひどくなっています。

いまや国内にいても、べつに外国人労働者の顔が見えなくても、自分が日本の最底辺にいて、グローバル化のなかでアジア諸国を相手に最低賃金の生存競争をさせられているっていう、ものすごい実感があるわけです。当時、わたし自身も「韓国人のほうが時給が安くて働き者だ」とか「日本人のフリーターよりもそっちのほうが使い勝手がいいから取り替えたい」なんて

＊3　小林よしのり
一九五三〜。マンガ家。福岡市生まれ。福岡大学在学中の、一九七六年に『東大一直線』でデビュー。『おぼっちゃまくん』などで人気作家となる。一九九二年の『ゴーマニズム宣言』以降、時事・社会問題にたいしてマンガで論評する手法を確立。保守的な立場から主張を展開している。

ことを、ごくふつうに言われていました。

八〇年代や九〇年代前半にフリーター経験のある人に尋ねると「そんなことはありえなかった」と言います。姜さんは以前、日本の若者の「在日化」という言葉を使っていらっしゃいましたけれど、「在日化」あるいは「外国人労働者化」と称すべき事態が九〇年代後半に進行しはじめたのだと思います。

そういう流れのなかで、私には「教育にウソをつかれた」との被害者意識があったので、右翼団体に二年間ぐらいうっかり入ってしまった。自分自身は全然右翼的な考えをもっていないなと思ったのでやめたんですけれども、いま、若者の被害者意識はもっともっと激しくなりつつあると感じますね。

中間団体がないために

雨宮　けっきょく、中間団体[*4]がないので国家に行くしかないん

＊4　中間団体
国家と個人の間に存在するさまざまな集団の総称。具体的には、宗族、村落（ムラ）、ギルド（組合）、企業、教会、政党などを指す。

です。学校を出て北海道からひとりで上京しても会社に入れない。アルバイトをしても、すぐクビになって、職場を転々とするばかり。家族もなければ地域社会とのつながりもない。自分が帰属して承認される中間の組織がないと、いきなり国家という抽象的、観念的な存在しかつながる先がなくなる。

住居も地域社会も職業も日に日に不安定化していく。個人がむき出しで社会に放り出されてバラバラにされればされるほど、より大きな国家的なものに行くしかないという逆説があります。自分が日本人であるということでしか外国人労働者などの人たちとの差異を自覚できないので、そこにすがりつく……なんて、いまになって分析すればそう思うのですけれど、当時は自分になにが起きているかまったくわかりませんでした。ただひたすらに苦しくて、とにかく理解してほしかったけど、大人たちは「フリーターは甘えている」などとバッシングするばかり。

わたしがフリーターとなって一年後の九五年に、日経連[*5]が「新

＊5　日経連
日本経営者団体連盟の略称。業種別・地方別経営者団体の全国組織として一九四八年に発足。「経営者よ、正しく強かれ」をスローガンに労働問題に取り組み、賃金交渉への対応などを通して労使関係の安定化を図った。二〇〇二年に経済団体連合会（経団連）と統合し日本経済団体連合会となる。

時代の『日本的経営』」という報告書を発表します。そのなかで、雇用の類型を、

・長期蓄積能力活用型
・高度専門能力活用型
・雇用柔軟型

の三つに分けました。要するに、これからはものすごい幹部候補生と超スペシャリストからなるエリートと、激安の使い捨て労働力とに分けて人事や賃金を考えましょうということだと、わたしは理解しています。

それから十八年たって、非正規雇用率は三八・二パーセントに達し、年収二百万円以下のワーキングプアが一千万人になりました。

こうして二十年ぐらいかけて崩れてきた雇用状況と、ナショナリズム的なものの高揚とには重大な関係があると自分の経歴から思う最近です。在特会(在日特権を許さない市民の会)だと

かヘイトスピーチ[*6]の問題が注目されるようになってきましたけれども、わたし自身は同一線上にある問題だと思っています。

借金を背負った学生たち

池野　まさに九五年ごろ、いわゆる「失われた二十年」のはじまりのころに若者と呼ばれていた層が、いまやもう三十、四十になってきているわけですね。

雨宮　そうなんです。たいへんなんですよ。

池野　実際に三十代、四十代の人たちがどんな現状に置かれているのか、ふだんからよく接しておられると思うんですが、具体的にどういう事例があるでしょうか。

雨宮　非正規の労働がきついのはもちろんですが、いまや正社員といっても、俗に言うブラック企業なんかでは、ものすごい長時間労働が横行しています。時給換算すればアルバイト以下

＊6　ヘイトスピーチ
憎悪にもとづく意図的な発言やそれにともなうデモ、ネットへの書き込みなどの行動をさす。主に人種、国籍、思想、性別、障害、職業、外見など、個人や集団の抱えるある要素を一方的に誹謗・中傷し、周囲の差別感情を煽動、増幅することを狙いとする。

どころか、最低賃金を割っているような働かされかたで、過労死や精神的に追いつめられて自殺寸前みたいな人もたくさんいると思うんです。

労働の現場で、若い人の無知と経験の不足につけこんで、労働基準法などをまったく無視した、とんでもなくメチャクチャな働かされかたをしている。

それから、最近、話を聞いてびっくりしたのが、大学の奨学金の問題です。これは無視できない。じつに象徴的な事例だと思います。ことし七月に大学生が「学費が高すぎる」ってデモをやったんですね。そのデモの主催者のひとり、二十三歳の男子が、自分が返さなくちゃいけない奨学金の返済額がもう一千万円を超えていると言う。高校生のころから借りていて、いま、大学院に在籍している。まだ一回も社会に出ていないわけです。それなのに一千万円の借金を背負っている。

池野　それは一ヵ所からの……。

雨宮　そうです。一ヵ所からの奨学金。

池野　どこの育英会ですか？

雨宮　すみません、それはくわしくは聞きませんでした。ちなみに、昔の『日本育英会』[*7]は、二〇〇四年に他の組織と合併して「日本学生支援機構（JASSO）」に改組されています。これがまた問題なんですが、それはあとでお話しします。

とにかく、奨学金をめぐっておかしなことが起きているらしいとわかった。それでこのまえ、ある大学で講演する機会があったので、「奨学金をもらってる人、手を挙げてください」と言ってみた。でも、みんな手を挙げない。「私は借金しています」とはやっぱりなかなか言えない。

しかし、じつはいま、昼間の学部生の五〇・七パーセントがなんらかの奨学金を利用しているというデータがあるんです。ですから、いないはずはない。

ただひとり挙手してくれた男子学生がいて、こう言いました。

＊7　日本育英会
一九四三年、教育機会の保障、人材の育成を図ることを目的として財団法人大日本育英会として設立。一九五三年に日本育英会と名称変更。経済的理由で就学、進学が困難な高等学校以上の優秀な学生・生徒に学資を貸与した。

「僕は十九歳なんですけれど、返済額八百万円です」

十九歳が大学に行くために、すでに八百万円の借金を背負っている。いろいろ聞いていったら、そんな人がざらにいる。

どうも認識のギャップがあって、年配の人に話をすると、

「国立大学は学費が安いんだから、しっかり勉強してそこに行けばいいじゃないか」

「新聞配達でもして頑張ればいい」

なんて言う人がけっこういる。

しかし、ご存じでしょうか、いまの学費は一九六〇年代の国立大学の四十五倍になっている。とんでもなく上がっているわけです。それに全労働者の平均賃金がどんどん下がっている。

奨学金が貧困ビジネスになっている

雨宮 また、ほとんどの奨学金は有利子です。給付型はほんと

うに少なくて、七割方は貸付型。だから、たとえば四百万円借りたら、すぐに六百万円ぐらいの返済義務が学生に生じる。

これには背景があって、長引く不況で親の経済力が低下するなか、奨学金への需要が増大したためです。そこで、支給額を大幅に引き上げるかわりに有利子の制度が導入されました。一九九九年のことです。それまで無利子が中心だった奨学金制度がここで大きく変質した。ビジネスになっちゃったんです。

先ほど言ったように日本育英会が日本学生支援機構に改組されたのが二〇〇四年。そのうち奨学金返済が滞る人が増えてきた。たまりかねた支援機構は、二〇一〇年に滞納者の名前を個人信用情報機関に登録することに踏みきりました。学生をブラックリストに載せたわけです。その数、一万人以上。さらに訴訟も起こすようになった。

延滞金は年一〇パーセント付きますから、すごく儲かるシステムになる。そこにメガバンクとか債権回収会社がからんでくくる。ここまでくると奨学金じゃない。一大金融事業です。それも学生ローン、いや、完全な貧困ビジネスになっている。

若者が労働者になる以前の大学でそんな目にあっている。そんなにたいへんだったら、わざわざ奨学金を借りて大学に行くことはないという考えもあるでしょう。とはいうものの、現実の日本社会で高卒の求人枠はあまりにも小さい。しかも高卒で正社員になれる可能性ってかなり低いじゃないですか。

けっきょく、親は子どもを大学に行かせる余裕がなくなったから奨学金に頼ろうとする。子どものほうは大学に行かないと、一生のあいだ非正規雇用になりかねないとの恐怖があるから借りるわけです。まあ、社会に出たらなんとか返せるだろうと。

負の遺産がどこまでも

雨宮　しかし、どうでしょうか。けっきょく二十三歳で大学を出たとして、五百万円ぐらいの借金があったとしたら、毎月二万いくらを二十年にわたって返さなくちゃいけない。四十三歳できっちり返し終わればいいけれども、そのころは結婚もして、自分の子どもがまた大学生になっているかもしれない。こんどは子どもの学費が払えないかもしれない。ものすごい負の遺産が受け継がれていく。しかも、こんなに雇用が不安定な状況で、安定して毎月二万いくらのお金を返せるかどうか、かなり厳しいと思います。それに夫婦どちらも奨学金を借りている場合もある。夫五百万円、妻五百万円を借りていたら、結婚生活がはじまる時点で一家に一千万円の負債があることになる。

実際は年収が三百万円以下だったら五年間返済が猶予されるなどの措置もあります。しかし、六年目になったら年収がいくらだろうと絶対返さなくちゃいけない。あんまり返すほうの状況を考えていないシステムなんです。これでは子どももつくれない、住まいのことも考えられない。少子高齢化はますます進むでしょうね。

労働が破壊されることによって教育も破壊されている。しかも、メガバンクや債権回収会社などが金融事業と称してそのお先棒を担いでボロ儲けしている。じつにやりきれない話です。

保守の人が大好きな「国益」という言葉の観点からしても、ほんとうは学費なんかタダであるべきではないでしょうか。国民の教育水準こそ国力の基礎なんですから。現にOECD（経済協力開発機構）の三十四ヵ国中、半分の十七ヵ国がたしか学費がタダだと思います。

日本の親も大学生自身も、学費は家庭が負担するか自分が払うもの、「自己責任」だと思っていますけれども、世界的にはタダの国はたくさんある。そう聞けば、発想が変わってくるかもしれない。でも、たいていの場合、自分が悪いと思っているので、そのあたりの落差、認識の相違を埋めていきたいですね。

そんなに苦しんで奨学金を返す必要はない。むろん踏み倒せってそそのかしているわけではありません。借金は返さなくてはならないとはいえ、よく考えれば事業の構造自体がちょっと犯罪的だと思うんですね。ただ学校に行ったり勉強したりするだけでこんなに借金漬けになる国なんてない。ましてやそれが一部の人のお金儲けになっているなんておかしい。知られていないこういう事実を大きな声で指摘していきたい。

底が抜けた社会と「自己責任」の罠

雨宮　いま、社会の底が抜けていくとしか言えないような状況が進行しています。そうすると、まともにものを考えられなくなっていく。ほんとうに厳しい状況の人って、ものなんか考えられないし、これはおかしいからっていろいろ調べて、社会運動とか市民運動に参加して変えていこうという発想をもつ余裕はない。睡眠欲と食欲を満たすだけで精いっぱいでしょう。そこまで時間的には追い詰められていなくても、貧困状態に置かれている人だったら、新聞を読んでいろいろ社会問題を考えようという発想にはやっぱりならないと思うんです。

この二十年ぐらいかけて、日本は一定層の人が絶対に報われない社会になってしまった。うすうすそれがわかっているので、ものすごい苛立ちが個人にはあるのだけれども、原因がなんなのかはわからない。そこでネットなどで「すべては在日が特権をもっているせいだ」とか「外国人が悪いんだ」とかいうのを見聞きすると、ほんとうはそんなのはただの物語、貧しい慰めにすぎないってわかっているにもかかわらず、自分があまりに苦しいからとびついてしまう。

ネットにはさまざまな可能性があると思いますが、ある意味で不満のガス抜き装置として社会の重要な存在になっている。まあ、インスタントなガス抜きですが。そういう状況にあるからこそ、ヘイトスピーチも蔓延しているのかなと思いますね。

池野　社会に出る前からそういう状況に置かれ、いざ社会に出てしまえば、貧困であったり格差社会であったりに向きあわなければならない。そういう若者たちにたいして「自己責任」という言葉が使われますが、この点についてはいかがでしょうか。

雨宮　これはデータで反論していくしかないと思います。先ほどの日経連の報告書があって雇用を三つに分けようということになって法律があらためられた。労働者派遣法などですね。明らかな政策の変更。これは若者の自己責任ではありません。

生活保護の話も、受給者数は過去最高とか言われますけれども、いま受けているのがたぶん二百十六万人ぐらいだと思います。しかし、日本の貧困率は一六パーセントとされていますので、それにしたがえば六〜七人にひとりが貧困なんですね。数にすると二千四十万人です。

二千四十万人もの人びとが貧困ライン以下で生活していると考えられるのに、一割ぐらいの二百十六万人しか生活保護を受けていない。これは受給者数が増えすぎると心配するより、残りの九割近くはどうしているんだろうと考えるべきではないか。

もしかしたらその人たちの存在は、自殺の問題だとか、借金の問題だとかの当事者として別の局面で認識されているかもしれない。そういうことを一つひとつ見ていくと、貧困問題は深いところで他のすべての問題――自殺もそうだし、メンタルヘルスの問題もそうですし、ホームレスだとか孤独死だとか――と全部つながっているんですよね。

為政者が「自己責任」を説いて、社会の弱者もつい「そうです」って言ってしまえば、問題はなにもなかったことにできるような空気がある。政治サイドが「自己責任」という言葉をもちだすときは、特定の意図がある場合が多い。「自己責任」にしてしまえば、政治は責められずにすむし、一円もおカネをかけなくていいですからね。しかし、「そうではないんだ」と言っていく。しかもデータに基づいて示していくことが大事だと思います。さいわい、データはたくさんあるんですよね。

池野　社会全体がそういう視線や態度をもたなくてはいけない。

雨宮　そうです。二十年かけての緩やかな変化なので、やっぱり当事者じゃないとわからないことが多い。労働者派遣法の変化などは、わたしにとってはとても大きいことだったんですけれども、ピンとこない人も少なくない。

当事者は当事者で、派遣の世界、非正規雇用でしか働いたことがない人がたくさんいます。自分の働かされかたがおかしいとの視点をもちにくいし、親世代から見ると、「なんでこいつはいつまでも正社員にならないんだ、ダラダラして情けない」みたいな子どもへの怒りになってしまって、個人の問題にすりかわってしまうんです。じつはそうではなくて社会の問題なのに。世代間の断絶、立場による認識のズレ、これが「貧困は社会の問題である」との共通理解ができるのを妨げてきた大きな原因かなと思います。

コストパフォーマンス

池野　ここまで指摘されてきたさまざまな閉塞状況、それらへのある種の反動として、ヘイトスピーチであったり、外国人労働者にたいする差別的な見かたが生じてきた。しかし先ほど、ほんとうはそんなのはただの物語、貧しい慰めにすぎないと、みんなわかっているにもかかわらず、自分があまりに苦しいからとびついてしまうのだとおっしゃっていましたね。そのあたりをもう少しくわしくうかがいたいのですが。

雨宮　これは実感に基づいてお話しした部分で、正確なデータに基づくわけでは必ずしもないことをお断りしたうえで、続けたいと思います。

自分自身もそうだった部分があるし、ヘイトスピーチをしていたけれどやめたという人と話す機会をもつと「もう誰かのせいにするしかなかった。どこかで本気ではなかった」との述懐がよく出てきます。そしてなにより「この自分が苦しい原因を知りたい」という切実な思いがあったと言うんですよね。

いまの若い人の生きづらさの根本には、明らかに社会が原因の部分がたくさんある。しかしそれを語る以前に知る言葉がない。そしていまの生きづらさ、異様な働きづらさ、将来の見通しの立たなさの背景にある問題は、あまりにも壮大すぎます。たとえばグローバリゼーションや新自由主義をどこから話せばいいんだろう。サッチャー政権[*8]とかそこまでいくともう訳わかんないじゃないですか。

それで、わたしの場合は九五年の「新時代の『日本的経営』」あたりをはじまりぐらいにして、わかっていただけるように話そうとしているのですけれども、新自由主義の流れはもっともっと以前からの流れで、それによっていろんな政策が変えられてきている。そこまで理解しようとすれば、すごく時間もか

＊8　サッチャー政権
一九七九年から九〇年までイギリスの首相をつとめた保守党のマーガレット・サッチャーは新自由主義に基づく経済政策を推し進めた。公共部門と考えられてきた電気、水道、ガスや航空産業などを民営化し、シティの金融部門も規制緩和によって外資参入を認めた（ビッグバン政策）。こうしたサッチャリズム（Thatcherism）といわれた政策は、同時期のアメリカのレーガン政権、日本の中曾根政権などとともに、のちのグローバリゼーションのさきがけともいえる。

かるし、労力もかかるし、本を読まなければいけないし、それこそが貧困層に置かれた人のいちばんのハードルなんですよ。

毎日毎日、すごく罵倒《ばとう》されながら単純作業に従事する。使い捨て労働だとわかりながら低賃金でも働いている。本を読む時間もない。そもそも本を買うおカネもないような状況。

むずかしい本を読むくらいならさっさと寝たい。もう疲れ果てているわけですから。せいぜい寝る前に酒飲んで、ネットちょっとやって、エロ動画でも眺めたら幸せ。

それでもむずかしい本を読む人もいます。しかし、ちょっと現実逃避できるものが必要な人たちのほうが数は多い。

けっきょく、社会を理解するためにはものすごく時間とおカネがかかる。時間とおカネのある人は特権階級です。自分たちはなかなかその特権階級になれないと、うすうす気づいている人たちは、どうやらすごく大きな、世界規模のさまざまな流れによって自分がこうなっているんだなってわかってはいると思うんです。けれども、「あいつが悪いんだっ」との名指しにとびついたほうが、まあ、コストパフォーマンスがいいということじゃないでしょうか。残念な話ではありますけれど。

池野 とびつきやすいわけですね。

雨宮 そういうことです。そしてスッキリもできる。

仲間として認めてもらえる

雨宮 ただ、大事なのは、そっちの物語にとびつけば共通の言語がいっぱいあること。そこに行けば仲間として認めてもらえるんです。人間、なにが悲しいかと言って人間として認めてもらえないほど悲しくつらいことはない。職場で、

「個人としてあなたが必要で、かけがえがないのだ」

「あなたは使い捨ての労働力ではない。取り替え可能ではなくて、ひとりの人間として必要としている」

と思われていると感じられない人が多くなっている。

やっぱり大人になると職場がらみの人間関係が中心になっていく人が多いと思うので、職場をつねに転々としている状態だと友だちもなかなかできなくなっていく。

そういう苦しい状態のなかで「こいつが悪いんだ」という物語に乗ってしまうことで、ヘイトスピーチのデモにちょっと行かなかったら「このまえ、どうしたの」なんて、みんなが心配してくれる関係性を、はじめて手に入れられたのかもしれない。

たとえまちがっていたとしても、多少は問題があったとしても、そこが居場所として機能しているならそちらのほうが大事になるのもしかたないかもしれません。

それは社会人の世界にかぎらず、学校のときからそうですね。秒単位で変わる空気を読んで、自分がスクールカースト[*9]のどこにいるかをちゃんと正確に把握したうえで、そのカーストにふさわしい表情なり、発言なりをしていなければ教室にもいられ

＊9　スクールカースト
現代日本の「学校社会」や「執拗ないじめ」を説明するうえで二〇〇〇年代に入って急速に普及した言葉。生徒の小集団が階層化・序列化・固定化されていること。それが学校の外においても地続きとなっており、さながらインドのカースト制度を思わせるとして唱えられた概念である。

ないし、ちょっとそれをまちがえただけで、たちまちいじめの対象になるわけです。さらにそのうえで成績も親の望む上位をキープし、先生の言うこともよく聞き……と、こんどは別の価値観での認められかたもしなくちゃいけない。

でも、そういうなかで生きていると、ひどい目にあっても怒ることができなくなるんです。

こんなひどい労働環境なのになんで若者は怒らないんだと言う人もいます。まあ、わたしは怒って勝手に運動しているんですけれども、じつは、ひどい目にあっている過労死寸前の若い人は全然怒っていない場合が多い。

逆に、「自分のようなこんなにダメな人間を雇ってくれてほんとうに感謝している」なんて言うんです。いま、まさに自分に暴力をふるいまくっている上司がいる最低の会社に雇われていることを感謝してしまう。教育なのか洗脳なのか、すすんで過労死、過労自殺するような人格がつくられているのではないかと思うほどです。とにかく「おまえはダメだ」「まだまだ足りない、もっと頑張らなくちゃおまえのことなんて認めてやらないし、愛してやらないよ」っていうようなメッセージのなかで育っている人が多い気がします。

それも、この二十年におよぶ新自由主義、市場原理主義と関係しているとわたしは思っています。とにかく一円でも多くの価値を生み出し、利益を生み出す人間じゃないと生きる価値などないというような、身も蓋《ふた》もない価値観が世のなか全体を覆いつくしていることが、人間のいちばん大事な部分を蝕《むしば》んでいる。若い人の生きづらさの理由は、労働環境がひどいとかだけでは全然ないと思いますね。

憲法にリアリティをもたせる

池野 時間も迫ってきたんですが、お題のもうひとつ……。

雨宮　憲法について、なんにも触れてないですね。

池野　だからいま、ちょっと触れようかなと思って（笑）。

いま、憲法をめぐる非常に厳しい状況があって、集団的自衛権と第九条の問題はもちろんそうですし、先ほどからずっと出ております特定秘密保護法、これは最終的には思想信条の自由、あるいは表現の自由が侵されるところまでいく問題だと思うんです。そのほかに、ご指摘のようなもっと肌身に迫った生きづらさがある。憲法第二十五条で保障されている生存権[*10]、すなわち「健康で文化的な最低限度の生活」が侵されようとしている。こうした流れをどう受けとめて、どう向きあっていけばいいとお考えになっていますか。

雨宮　わたしは、いまの安倍政権がやろうとしている憲法を変えようとの流れには反対なんですけれども、その一方で若い人に憲法の話をしても空虚な感じがするんですね。空虚とはちょっと言いすぎかもしれませんが、けっきょく彼らの現実に

＊10　生存権
立法・行政を通じて国民が国家に対して自己の生存または生活のために必要な諸条件の確保を要求する権利。日本国憲法第二十五条には「すべて国民は、健康で文化的な最低限度の生活を営む権利を有する」「国は、すべての生活部面について、社会福祉、社会保障及び公衆衛生の向上及び増進に努めなければならない」とある。

おいては、憲法に書いてあるさまざまな権利がことごとく踏みにじられまくっているんですよね。

だから、そういう人に憲法の話をすればするほど、「ただのタテマエの理想論」を「空気の読めないお花畑っぽい人」が言っているみたいな、そういう話にとらえられてしまう。現実が厳しければ厳しいほど、「自分には権利がある」とはとても思えず、憲法とか権利という言葉自体にまったくリアリティがもてなくて空洞化している怖さを感じます。

池野　空洞化……ですか。

雨宮　もはや自暴自棄的な段階にきているかもしれない。貧困層にあると思われる人が強硬な改憲論を言っていたり、外交面で安倍政権をヘンに支持していたりします。「『丸山眞男』をひっぱたきたい――31歳フリーター。希望は、戦争。」*11っていう論文を六年前に書いた方がいましたけれども、事態はもっとひどくなっていると思う。

＊11　『丸山眞男』をひっぱたきたい～」

フリーライターの赤木智弘（一九七五～）が朝日新聞社の雑誌『論座』（二〇〇七年一月号）に発表した論文。そのなかで赤木は「持つ者は戦争によってそれを失うことにおびえを抱くが、持たざる者は戦争によって何かを得ることを望む。持つ者と持たざる者がハッキリと分かれ、そこに流動性が存在しない格差社会においては、もはや戦争はタブーではない。それどころか、反戦平和というスローガンこそが、我々を一生貧困の中に押しとどめる『持つ者』の傲慢であると受け止められるのである」と記している。

でも、それにたいして、真っ正面から言ってもあまり意味がなくて、まったくリアリティがなくなっている憲法なり人権なり権利なりに、ふたたびリアリティをもたせていくしかないと思うんです。だから、「憲法とは」と大上段にふりかぶるのではなくて、「それなりに誰もが報われる社会になる」だとか、「一定層の人がどうやっても報われないいまの社会がそうではなくなる」だとか、そういうことぐらいからしか憲法の問題を考えようがないんじゃないかなと思っています。

池野　いまの時点では憲法を自分たちのものとして受けとめるだけのリアリティがない。であれば、憲法にリアリティがあるような社会に……。

雨宮　変えるしかないっていう、すごく遠回りなことしか言えないんですけれども。まあ、しかし、そこからしかはじまらない。労働運動なり反貧困運動なりで、なにか自分の権利をちょっと獲得したり回復したりした瞬間に人が変わっていく姿をずいぶん見てきました。地道に少しずつ自分たちの権利を積み上げて、あ、こういうふうに少し変えられるんだという成功体験を少しずつ重ねていくぐらいしか、意識の変えようはない。そんな感じです。

池野　私のような世代の人間たちも、まさに地道に、あるべき社会をめざすしかない。

雨宮　そうですね。だっていま、生きづらいのは若者にかぎったことでは全然ないですし、どんどん弱者と呼ばれる人を切り捨てますよとの流れは今後もとどまることはないでしょう。それを思うと、どの世代も一歩一歩進んでいけばいいし、おかしいと思うことには声をあげていくしかないのだと思います。

池野　まだまだお聞きしたいことはいっぱいあるんですが、時間がきましたのでこのへんで締めさせていただきたいと思います。どうもありがとうございました。

雨宮　ありがとうございました（拍手）。

トークセッション

言い足りなかったこと

池野　それでは、第二部のトークセッションに移りたいと思います。ここでは先ほどお話しくださったお三方と若者たち四人との質疑というかたちで進めたいと思っております。

そのまえに、お三方から第一部で言い漏らしたこと、あるいは言い足りなかったことがあれば、お話をいただきたいと思います。保阪さん、いかがですか。

保阪　私は雨宮さんの話を聞いていて、少なからず衝撃を受けました。たぶん私たちの社会全体にある種の構造の変化が起こっているのでしょう。

先日、ドイツやロシアの社会の話を聞く機会がありました。両国とも深刻な社会の変化が奥底で起きはじめている。たとえばドイツの景気はいいと言われます。ですから、わりに若いうちに社会に出てしまう層がいる。その人たちの学力がたいへんなことになっているらしい。スーパーに買い物に行っても計算ができない店員がたくさんいると、ドイツ人の新聞記者が嘆くんですね。教育レベルの甚だしい低下が起こっている。

ロシアでは排外的な「ロシア至上主義」が急速に拡大している。その支持層も若年層であまり教育水準が高くない。高くないのは彼らのせいではないのだけれど、彼らをサポートする構造自体が壊れてしまったか、存在していない。いまや各国で排外的なナショナリズムを培養する土壌ができあがっているのだなと、雨宮さんのお話をうかがって思いました。

これはある時代からある時代へ移っていくときの過渡期、まあどの時代も過渡期なんですが、とりわけ従来の構造が激変する時代に発生する現象なのだと思います。であればこそ、政治の役割が重要になってくるのですが、いまは政治が人びとの不満をテコにあらぬ方へ巧みに誘導しようとしているように思えてなりません。それを補足とさせていただきます。

池野　ありがとうございます。姜さん、いかがでしょうか。

姜　わたくしも保阪さんと同じく、雨宮さんのお話に衝撃を受けました。お話が具体的で非常に説得力があって、身近に同様の事態があることに気づかされました。*1

大学に職を得られるのは、たいてい三十代のなかばなんですね。社会に出てからだいたい十年間のギャップがあります。その間は非常勤講師をかけもちしたり、塾の先生をやったり、それ以外の肉体労働をしたりして食いつないでいる人が大勢います。そして、大学教員になれるかは運次第というところがある。明日が見えない。冗談ではなく、オーバードクターは三十五歳まで、結婚するな、病気になるな、満足なものを食べるな、つまり人間らしい生活をするなと言われています。

いま、膨大な数のオーバードクターが、東大をはじめ多くの大学から生み出されています。そのうちの二〇パーセントぐら

＊1　身近に同様の事態が～
この問題については「すくらむ　国家公務員一般労働組合（国公一般）の仲間のブログ」の記述が参考になる。
http://ameblo.jp/kokkoippan/theme-10007204605.html

いしか大学教員の職を得ていないんじゃないでしょうか。もう四十歳近くになっても職がない、つぶしがきかない。奨学金もそうですが、これは早晩、深刻な問題になります。いや、すでになっていると言っていい。

池野　雨宮さん、終わったばかりですがいかがですか。

雨宮　いや、さっき楽屋でも生々しいお話があったので、むしろ会場からもそんな話を聞かせてください。

それには「手順」がある

池野　わかりました。それでは若い方々から質問をいただきたいと思います。最初に大信田さん、お願いいたします。

大信田　室蘭工業大学卒の大信田称宇と申します。今日は貴重なお話をありがとうございました。

歴史から学び、現在起きている問題に生かす、同じあやまちはくりかえさないということは、とても大事だと思います。しかし、事が起きてから、あれは過去のあの失敗に似た状況だったのだからこうしたらよかったと、事後的に分析することはできたとしても、当事者または組織が、事の渦中、現在進行形の状況で冷静かつ俯瞰的《ふかんてき》に事態を見ることはたいへんむずかしいのではないか。

そういった過去の歴史から学んだことを現代の視点で、リアルタイムで生かすことのできる人、または組織になるためにはどういったことが必要かをお聞きしたいんです。

池野　これはやっぱり保阪さんにお話をうかがいたい。

保阪　人間の考えかた、思考の範囲や行動は基本的にそんなに変わらないんですね。

だから、いま置かれている状況は、いつの時代にも当てはめることができます。明治三十六年（一九〇三）に当てはめてもいいでしょうし、昭和八年（一九三三）に当てはめてもいいでしょう。明治三十六年には、ロシアと戦争すべしとの空気がありました。実際、翌年に日露戦争は起きるんですが、じつは政府のみならず国民のなかにも、政治の失敗を望む人、あるいは政治を失敗させて戦争にもっていこうとする人はいるんですね。

それには「手順」があるんです。それを理解しておく。だいたい四つか五つの段階を踏むということが戦争の歴史のなかから汲み取れれば、そうしないようにする可能性を高められる。流されなくなります。

まず景気のいいことを言う人が出てくる。それも知的で社会的立場のある人。日露戦争前には、東京帝国大学の教授たちが対露強硬論を唱えます。いわゆる「帝大七博士の意見書」[*2]です。考えてみればじつに無責任な教授たちです。頭のよさそうな人が大きなことを言うときは注意しなくてはいけない。

昭和八年、九年もそうです。原理日本社というのがあって、「軍に批判的な顔をして、その実、陸軍の機密費に培養されて

＊2 「帝大七博士の意見書」
明治三十六年（一九〇三）六月、戸水寛人、富井政章、小野塚喜平次、高橋作衛、金井延、寺尾亨、中村進午の七人の学者が、時の首相・桂太郎、外相・小村寿太郎に提出した対露強硬論を唱えた意見書。なお、中村進午は学習院の教授であったが、他はすべて東京帝国大学教授であったために、俗に「帝大七博士」といわれる。意見書の内容は新聞にも掲載され世論の反響も大きかった。

いる立場」から反軍的な知識人に攻撃をくりかえします。「アイツはきれいごとを言っている反国体分子だ」と大きな声でやるわけです。さらには美濃部達吉の「天皇機関説」を国体をそこなう危険思想だといって激しく攻撃する。いまならさしずめ「内閣機密費をもらっているやつら」といったところでしょうか。

私は言葉にこだわるんですが、「売国奴」なる言葉は生理的に気持ち悪い表現です。自分を一方的に正義の側において相手を容赦なく攻撃する。みずからを省みることがない。偏狭なナショナリズムに立脚した、じつにおぞましい言葉です。

これが昭和八年ぐらいから急速にはびこる。いまもそうなりつつある。当時、どういうときに誰が「売国奴」発言をしたか、いまなら誰が言うかを注意深く見ていくといい。

私はマルキシズムとは反対の立場で言うんですが、やっぱり歴史のなかにはある種の法則があるんです。発展法則ではなくて、人間はそんなに変わっていないから、同じようなときに同じようなことが起こる。その手順さえ理解すればいい。そこに組みこまれかねないとの懸念と、組みこまれまいとの意志をもつことが、歴史への関心を強めるということだと思います。

私は声をあげなかった……

池野 次に伊藤さん、お願いいたします。

伊藤 北海道大学一年の伊藤由香理です。

私は、いまの政治について質問があります。いまの政治は政治家が自分たちの利益のために政治を利用しているように感じるのです。特定秘密保護法案には、いろいろな見かたがあると思うんですが、それは悪用されうるものでもあり、憲法第九条の改正とかを進めていけばもしかしたらまた戦争をくりかえすことになりうる危険性をはらんでいることはたしかだと思います。政府が国民をないがしろにして、国家を前面に押し立てて政治をおこなおうとする姿勢は、戦前の風潮と少し似ているような気がしています。

それで、もしまた戦争をくりかえすとか、そういう風潮にのみこまれていったときに私たちはそれを防がなきゃいけないと思うんですけれども、そうするためには、なにをどうすればいいと思いますか。

池野 なかなかの難題ですが、姜さん、いかがでしょうか。

姜 神様がいたら聞きたいですね（笑）。

いま、伊藤さんはある程度の問題関心があってこういう質問をされたと思うんです。これは、いわゆる「ふつう」の人たちと自分との関係をどうすればいいのか、共感という問題なのだと思います。

先ほどわたくしは、「いま、社会にたいする意識を調査すれば、おそらく若い人びとの六割以上は『いまのままでいい』と答えるのではないか。現状肯定の裏側には、いちおうまあまあ平和だ、いちおうまあまあ繁栄はしている、いちおう自由もある、そして民主主義もあるとの思いがあるのだろう」と言いました。一億総中流意識[*3]の時代は終わったにせよ、自分の暮らしは可もなく不可もないとか、まあまあだと思っている人たち、さしあたりこれを「ふつう」の人だとしましょう。

「ふつう」の人からすれば、とにかく景気がよくなってほしい。安倍さんで景気がよくなるなら、とりあえずそれでいい。憲法とか集団的自衛権とか、きな臭いことはわかっているけれど、そんなことよりは、タクシーだったらさしあたり今日の水揚げがこれだけ上がってほしい。ホテルや旅館だったら宴会やパーティーが増えてほしい、飲み屋さんだったらお客に来てほしい。あたりまえの話です。

ただ、そういう人たちが「これはおかしい」「ちょっとまずい」と思うような時代がきたときには、かなり状況は進行している、手遅れとは言いませんが、悪化しているわけですね。ですから、

＊3　一億総中流意識
一九七〇年の国勢調査で日本の人口ははじめて一億人を突破した（本土復帰前の沖縄県を含む）。一方、一九五八年からはじまった政府による「国民生活に関する世論調査」ではみずからの生活程度を「中流」（「中の上」「中の中」「中の下」を合わせる）とした者の比率は回答の七割を超えており、一九七〇年以降は約九割に達した。経済の高度成長にあわせて変化した国民意識ではあるが、バブル崩壊と新自由主義的経済システムへの転換によって、日本の「一億総中流社会」は終焉したとする意見もある。

そのまえにどう気づくのかが重要になってくるわけです。

あるドイツの牧師[*4]の詩にこういうのがあります。

「ナチスが最初共産主義者を攻撃したとき、私は声をあげなかった。私は共産主義者ではなかったから。

社会民主主義者が牢獄に入れられたとき、私は声をあげなかった。私は社会民主主義者ではなかったから。

彼らが労働組合員たちを攻撃したとき、私は声をあげなかった。私は労働組合員ではなかったから。

そして、彼らが私を攻撃したとき、私のために声をあげる者は、誰ひとり残っていなかった」

あの人たちは過激だから、政府や権力のある人たちから睨《にら》まれてもしかたない。自分たちはあの人たちのように極端なことはしていないから大丈夫だと……。はたしてそうでしょうか。

社会のしわ寄せを受けている人たちを見て、「あの人たちは努力しなかったのだからしかたない」と自分がアリで連中はキ

＊4　あるドイツの牧師
マルティン・ニーメラー（Friedrich Gustav Emil Martin Niemöller　一八九二～一九八四）のこと。第一次世界大戦時には海軍に従軍、退役後、牧師となる。最初はヒトラーを支持していたが、教会からのユダヤ人追放政策に反対し、反ナチスに転じた。一九三七年から一九四五年までのあいだ強制収容所に送られるも生還する。戦後は平和主義者、反戦運動家として活躍した。

リギリスだと思うのかもしれませんが、先ほど雨宮さんが指摘した、寝ることだけが唯一の楽しみといった人たちは、はたして怠け者なのでしょうか。

わたくしは、自分たちの身のまわりで起きるささやかなことで他の人と共通した問題があれば、そこにあえてコミットして解決するよう努力する、その過程で周囲と共感することが大事だと思います。これは、先ほど雨宮さんがおっしゃった「憲法にリアリティをもたせる」こととほぼ同じことかとも感じます。

いまの与党を支持している人でも、実際に憲法九条の改正や前文の改正、あなたはどう思いますかと尋ねたら、かなり違和感をもっているわけです。しかし、やっぱり経済が優先だと思っている人がいる。だから問題は、そのあたりのところで自分たちの力で状況を少しでも変えられるとの感触をもてるようにすること。そうすれば、より憲法や外交や政治の問題に関心をもてるようになる。

景気がよくなればいいと思いつつも違和感を抱く人を対象化する。たとえば前衛的な組織の指導によって目覚めさせるべき大衆との考えはもはや有効性を失いました。そうではないかたち、共感というスタイルで訴求力のある言葉をぶつけていくこと、それがわたくし個人に与えられた役割だと思っています。

「それは中途半端だ、もっと姜さんしっかりと言ってほしい」という人もいます。たしかにそうかもしれません。しかし、いまの言論状況では、なにか手がかりをもっている人に通じる言葉を吐く人がいなければいけないし、また同時に、学者以上に歴史を知っていらっしゃる保阪さんのような方や、あるいは雨宮さんのように実際にプレカリアートという考えかたを広めて運動する人や、わたくしのように大学のなかにいつつメディアに出ていって話す者がそれぞれ役割分担をすればいい。みんなが同じスタンスで同じことをしゃべる必要はないと思うんです。そのことで少し変わっていくんじゃないかとわたくし自身は思っています。そう思っていなければここには来ない（笑）。

なにか変えたいのであれば

池野　いまのお話のなかで、いわゆる「ふつう」の人が自分たちの力で状況を少しでも変えられるとの意識をもつことが大事という指摘がありました。雨宮さんは実際にデモにも参加したり、取材したりしたご経験が豊富ですが、最近の反原発デモの動きに接して、どのようにお感じになったでしょうか。

雨宮　首相官邸前の再稼働反対の行動は二〇一二年の三月にはじまったんですけれども、半年間で百万人いったんですね。街頭行動とかデモにたいするハードルがかなり高い日本で直接民主主義の地殻変動が起こっているとの見かたにも一定のリアリティがある。

「再稼働反対」という言葉にもふたつのニュアンスが生じてい

ます。「原発を再稼働させるな」。もちろんこれが第一の意味ですけれども、「日本をこのまま再稼働させるな」という新しい読みとりかたが現場で生まれてきた。

原発ってある意味、戦後の自民党的政治の象徴で、手続き的にも民主的ではないことがまかりとおってきたし、情報も公開されない。利権もからむ。だから三・一一以前の日本の政治をそのまま再稼働させてしまってはなんの意味もないとの声が出てきたわけです。

そういう意味では、わたしはこの二年数ヵ月とは、現場でさまざまな人びと、とくに若い人たちが多くの言葉を獲得する劇的な過程だったと思います。

最初にデモをやったころは、知らない人からずいぶん怒られた。「原発がなくなって、電気が足りなくなったらどうやって暮らしていくんだ」「おまえら、ここまで電車で来ただろう。ふざけるな」なんて罵声を浴びせられもしました。それでデモに参加する人たちがムチャクチャ勉強しはじめて、官邸前行動がはじまった。そこに国会議員の人が何人も来て、彼らとの交渉のしかたを覚えて、院内集会にもちこみました。首都圏反原発連合というグループは、当時の野田首相と実際に官邸のなかで会うところまでこぎつけた。[*5]

官邸前に人数を集めれば首相に会えるとの前例をつくったことは、歴史的なことじゃないかと言う人もいます。それまでなんの運動とも組織ともかかわってきたわけでもない、言葉はよくないかもしれませんが、完全に有象無象のよくわかんない人たちがそれを担っているんですね。

で、わたしも首都圏反原発連合とかの会議によく行くんですけれども、ホントにただのそのへんの居酒屋の店員であったり、デザイナーの人であったり、ミュージシャンであったり、なにやってんだかよくわかんない人であったりという人たちが参加している。なんの後ろ盾もコネもなくいろんなことが動きはじ

＊5　首都圏反原発連合というグループ〜
二〇一二年八月二十二日に実現。内容は取材陣にすべて公開され、Ustreamで生中継もされた。http://www.youtube.com/watch?v=zg0HhEG4imY&nore direct=1

めているのを見ると、またちょっと違う次元に達してきているなとは思います。いままでのデモとかとは違うやりかたが通用するようになっているのは、ある意味とってもおもしろい。

それから、なにか変えたいのであれば、自分でいろいろな団体をつくってしまうとか、興味あるところにとにかくいっぱい入ってみるのもひとつの手です。その団体は二人とか三人とかでもいいし、単にどこかのカフェで○○について話をしましょうみたいなものでもいいと思うんですね。

わたしも「これはいい活動しているな」と思うところに加入しています。「反貧困ネットワーク」というところの副代表をやっていて、あと「フリーター全般労組」[*6]という労働組合や、「反貧困たすけあいネットワーク」[*7]という、貧しい人におカネを貸し付けるみたいな団体にも入っています。ほかにもいろいろなところのサポーター的なことはしています。

いろいろなことをやっていくとおカネばっかり出ていって、

＊6 「フリーター全般労組」
http://freeter-union.org/

＊7 「反貧困たすけあいネットワーク」
http://www.tasukeai-net.org/

時間もやたら取られてしまいます。けっこう貧乏暇なし的な感じ。おまけに「雨宮自身が貧困ビジネスをやっている」みたいな批判もされるんですけれども、いろいろとかかわっていけば人間関係も広がりますし、さして気にしていません（笑）。

この問題とこの問題がここでつながっているんだということが、さまざまな運動にかかわることによって有機的に見えてくる。自分でつくる、あるいはいろいろ顔を出すことにはそういったよさがあると思います。

お願いだから石原慎太郎を……

池野　こんどは野村さんに質問をお願いします。

野村　江別市にある酪農学園大学で環境政策について学んでいる野村一誠です。きょうはすばらしい講演をほんとうにありがとうございました。

保阪先生と姜先生に質問があります。現在、日中・日韓のあいだで歴史の認識のズレからたびたび外交問題までに発展しています。そういったズレをなくしていくために、私はドイツ・フランス間、ポーランド間などでおこなわれている共通歴史認識教科書[*8]をアジアでもつくっていければすばらしいんじゃないかなと思っているのですが、現状を見ているととても厳しいように感じます。しかし、互いに歩み寄っていければアジアはより発展できるのではないかなと私は思っているのですが、そのことについて先生方のご意見を聞かせていただきたいです。

そして、これは雨宮さんに質問なんですが、二点あります。一点目は、いままでさまざまな団体で活動をなさってきたと思うんですが、そのなかでいちばん後悔したこととか（笑）、いちばん嬉しかったことなどを教えていただけないでしょうか。今後の自分の人生にも役立てていきたいと思うので。

二点目は、今日の話とはちょっとずれてしまうのですが、雨

＊8　共通歴史認識教科書
これについては『ドイツ・フランス共通歴史教科書』『歴史認識共有の地平―独仏共通教科書と日中韓の試み』（ともに明石書店）、『未来をひらく歴史―日本・中国・韓国＝共同編集東アジア3国の近現代史』（高文研）などの本がある。

宮さんはイラク戦争直前にイラクへ行って「人間の盾」[*9]として活動されたとお聞きしているのですが、そのときにいちばん怖かったことはなんでしょうか。自分だったら劣化ウラン弾の被曝などが怖いなと感じるのですが、そのことについてお聞かせいただきたいです。

池野　なるほど。雨宮さんへは、それは私も聞いてみたい質問です(笑)。それでは、まず最初のほうの質問で保阪さんからよろしくお願いいたします。

保阪　私は中国との友好団体にも関係しているので、そちらについてまずくわしく話したいんですが、中国とわが国との関係には三つのベクトルがあると思っています。これは韓国やアメリカとの関係でも同様です。

ひとつは政府と政府の関係。

もうひとつは市民と市民の関係。

さらにもうひとつは、言葉はものすごく悪いけれども、なん

＊9　人間の盾
戦争や紛争において、敵が攻撃目標とする施設の内部や周囲に民間人を配置するなどして、攻撃を牽制すること。紛争の当事者が意図的におこなった場合、ジュネーブ条約では戦争犯罪とみなされるが、戦争を阻止すべく自発的に人びとが集まることもある。

にも考えていない、無知に基づく関係。そういうレベルの交流もたしかにあるんですね。ヘイトスピーチはそのひとつです。あの人たちは考えているというかもしれないけれど、私はそうは思いません。

これは中国もそうです。尖閣問題で青島《チンタオ》から起こった反日デモはまさにそうですね。デモに参加した人は尖閣諸島のことをろくすっぽ知りません。それでも日本資本のスーパーを襲ってものを盗る。あれではならず者ですよ。

いずれにせよ、私たちは事態のレベルを冷静に見きわめる必要がある。たとえば中国のデモを見たとき、私はそれがどういうかたちで組織されているかだいたいわかります。中国事情にくわしい人に聞いて、北京大学や清華大学[*10]の学生が出てきていたら、これは深刻です。スーパーを襲ったり日本料理店を壊したりするのとはまったく質が違う。レベルの高いデモです。

尖閣問題に抗議すると称するデモはそうではない。社会的

＊10　北京大学や清華大学
北京にある両大学は近代中国に多くの人材を輩出してきた中国を代表する名門大学である。両校ともに総合大学であるが、清華大学は理工系大学といってよい。

欲求不満のある層によるデモです。それと対応するのが日本のヘイトスピーチなんですね。このレベルを過剰に考えてはいけない。しかし過小に考えてもいけない。

いちばん大事なのは草の根の、われわれふつうの人、つまり市民同士がつきあう関係なんですね。政府間レベルの交渉が断絶しているとき、うまくいってないときほどそうです。

私は、中国に友だちが何人もいるんですが、たとえば、いっしょに食事をして話をするとこんな会話になる。

「保阪さん、とにかく、お願いだからあなたの国は石原慎太郎《いしはらしんたろう》のようなタカ派の人物をけっして首相にしないでね」(笑)

「それは内政干渉じゃないか。しかし、僕は彼を首相にしたいとは思わないけれども、なるかもしれないじゃない」

「困るんだよ」

「どうして?」

「中国の軍官僚を中心にして、石原首相の登場を手ぐすね引いて待っている人たちがいる。日本がその気なら思い知らせてやるという強硬派が正面に出てくる。彼らは中国の中間層にもいる、われわれ民主化を支持する者を押さえつけている連中だ。彼らは日本を敵とし、われわれを弾圧することによって国を一本化するだろう。だから、石原さんが首相になって中国に強硬な姿勢を見せられたら困るんだ」

もちろん私も、「あなたの国の党官僚の締めつけは問題だ。党官僚のすべてが悪いとは言わないけれども、われわれとのつきあいのなかに一面的な政治的なスローガンをもちこまないでくれ」とか言います。そういう忌憚《きたん》のない会話を、ふだんからしておかなければいけないんですね。むろん他の人に聞かれるとまずい部分もありますから細心の注意が必要ですが。

政府間レベルのつきあいとも、肩がふれあったってケンカするレベルのいがみあいともまったく違う、中間層の交流の幅を拡大し、腹蔵なく話しあうこと、とにかくそこでは言いたいことをお互いを尊重しあって言いあうことだと思います。

友だちのレベルでいいんです。その層が広がれば広がるほど政府の動きは変わります。ならず者同士の偏狭なナショナリズムは浮いてしまいます。その構図をつくりうるかが試されているんですね。

私はアメリカの人ともロシアの人ともドイツの人ともそういうつきあいをするんです。だいたい同年代なんですが、彼らは異口同音にこう言います。

「私とおまえは同世代なのに、おまえがうらやましい」

私と同い年だが、自分はベトナムに兵士として行ったよ。ベトナムに行っていやな思いをしてきて、その記憶がいまも消えなくて夜中にうなされる。仲間は死んだ。そしてその記憶のために自殺したやつが何人もいる。それがベトナム戦争に従軍したオレたちの実態なんだ。おまえたちはいいなあ、戦争に行かなくて。鉄砲もったことないなんて、とアメリカのジャーナリストに言われたことがある。

私と同年代でKGBに属していたロシア人男性[*11]は「ほんとうにおまえたちはいいなあ、なんにも戦争の経験をしなかったんだから。信じられないくらいだよ」と言います。

その言葉を聞きながら、私が鉄砲をもたないですんだのはどうしてなのか。それは、たしかに憲法があったのと同時に、日本の政策のなかにある種の筋道があったんだと理解しています。その筋道をやっぱりこれからも守ること。

朝日新聞に書いたんですけれども、戦後の保守政権は概して護憲派だったんですね。それは結果としてなのかもしれないけれど、この視点を忘れてはいけないと私は思うんです。私は保守党の支持派ではないけれども、護憲派だった政治家は数多くいました。だから、われわれは同年代のアメリカ人やロシア人に、おまえらいいなあ、戦争に行ったことも鉄砲もったこともないんだものな、と言われるんですね。

＊11　KGBに属していたロシア人男性
『未来は過去のなかにある―歴史を見つめ、新時代をひらく』一三九ページも参照。

こういう実感を彼らとのあいだのなかでお互いに広めていく。それが政府間交渉をやがて変えるようにもっていく。と同時に、くどいけれども肩がふれあったらケンカするようなタイプをけっして過大に考えない冷静さが必要じゃないかなと思います。

恐怖が脅威をつくりだす

池野　姜さん、よろしくお願いします。

姜　野村君からとてもいい質問をいただきました。わたくしが話し足りなかったことです。ありがとうございます。

われわれには恐怖心をすぐに受け入れやすいところがあります。たとえば、中国は領土問題をめぐって海軍力を日に日に増強している。たしかにそうです。それはデータ的にもはっきりと出ています。しかし、だからといってこちらも軍事力を増強するのは得策でしょうか。もっと他の手だてはないだろうか。

三月十一日の地震が起きて津波があって、未曾有の原発事故があったとき、日本にどんな国が脅威になったでしょうか。

四川大地震が起きたとき、日本はすぐにレスキュー部隊を送ったので、中国はその恩返しとして日本に救援一番乗りをしたかった。それで韓国と争ったんですね。韓国側も一番乗りをしたかった。けっきょくは中国が一番乗りしました。

もし、日本について領土的な野心、あるいは日本をなんらかのかたちで叩きたいとの欲望をもった国があったら、これほど絶好の機会はありませんでした。しかし、どの国も日本にたいして批判めいたことは言わなかったし、脅威になることはなかった。これは、日本が国家としてたいへんな国際的な信用をもっていることを示します。地球の裏側にある、GDPのレベルで見ればほんとうに貧しい国であっても義援金を集めて送ってきた。じつは北朝鮮ですらも八百万円のおカネを日本赤十字社に出した。まあ、八百万円あったら、自国の飢えて亡くなりそうな人にもっと使うべきだとは思いますけれども、でもそうした冷静に考えてみれば、安全保障上の危機はまったくなかったわけです。もし敵対的な国があるならば、あの瞬間こそがもっとも非常事態であったはずです。なのに、どうしていま、日本の世論のなかにある種の恐怖心が広がっているのか。やはり経済大国としての自信を喪失しているからでしょうか……。

国際政治を学ぶ者だったら誰もがひもとく『国際政治』という本があります。アメリカの現実主義的政治学者モーゲンソー[*12]の著作です。そのなかで彼は恐怖心について、だいたい次のような意味のことを述べています。

「相手側はまちがいなく現行秩序を変えようとしている。それはこちら側からすると非常に脅威である。ゆえに現在の秩序を大きく変えようとする相手の脅威にたいしては、抜本的な形で抑制する、あるいは先制的に、攻撃とまではいかないけれどもなんらかの手を打つべきである」

＊12　モーゲンソー　七〇ページ参照。『国際政治』は岩波文庫に邦訳あり。

しかし、そうすれば向こう側も必ず同じようにするわけですね。いわゆる安全保障上のジレンマに陥っていく。

このままいくと東アジアに軍拡が起きますね。軍拡が起きたらおそらく上限がなくなると思います。非常に危険な状況です。出先機関で人が亡くなったりしたときに、お互いのなかに敵対心が一気に燃えあがり、燎原《りょうげん》の火のように広がっていきかねない。これを防がなければなりません。

むろん逆の場合もある。

相手側はまちがいなく現行秩序を大きく変えようとして、侵略的な野心をもっているにもかかわらず、それを見誤って、相手側は微調整で対応してるのではないかと思ってこちらが妥協した場合。ミュンヘン会談[*13]がその典型であることは、みなさんも知ってのとおりでしょう。

イギリスのチェンバレン首相はナチス・ドイツのヒトラーに妥協した。ヒトラーがまちがいなくチェコやオーストリアに、

＊13　ミュンヘン会談
一九三八年九月二十九日、ミュンヘンで開かれたドイツ総統ヒトラー、イギリス首相チェンバレン、フランス首相ダラディエ、イタリア首相ムッソリーニによる四大国首脳会談。イギリスとフランスがドイツ、イタリアに対して妥協的態度（いわゆる宥和政策）をとった結果、チェコスロバキアのズデーテン地方をドイツに割譲するとの内容の「ミュンヘン協定」が締結された。イギリスに戻ったチェンバレンは飛行場に降り立ち、ヒトラーとの合意書をかざして「われわれの時代の平和は確保された」と大見得を切ったが戦争への流れを止めることはできなかった。

そしてやがてヨーロッパを征服するとの野望をもっていたことをイギリスは見誤ったわけですね。

　いまの中国はどうでしょうか。

キッシンジャー[*14]はドイツの台頭に似ていると言っています。わたくしもそう思います。

　一八七〇年に普仏戦争でプロイセンは世界最大の陸軍国フランスを負かしてドイツ帝国の樹立に成功します。その結果として、ドイツはロシアとフランスのあいだにはさまることになったので、宰相ビスマルク[*15]は巧妙な外交を進めた。つまり、現状は変えないで自分たちが獲得した権益を守ろうとした。しかし、ビスマルクが辞めたあと、皇帝ウィルヘルム二世[*16]が膨張政策をとろうとするんじゃないかというので、けっきょく、第一次世界大戦が起きたわけですね。

　わたくしは、いまの中国にはそれほどの盤石な基盤はないと思います。中国はこれから少なくとも十年は安定した経済成長

＊14　キッシンジャー
Henry Alfred Kissinger　一九二三〜。アメリカの政治家。国際政治学者。ドイツの裕福なユダヤ人家庭に生まれるが、ナチスの迫害を逃れ一九三八年に渡米。ハーバード大学卒業。国際政治学者として「柔軟反応戦略」を提唱する。ニクソン、フォード政権で大統領補佐官、国務長官。米中和解、ベトナム和平、中東和平工作など国際政治に一時期を画した。

＊15　ビスマルク
Otto Eduard Leopold Fürst von Bismarck-Schönhausen　一八一五〜九八。ドイツの政治家。プロイセンのユンカー（地主貴族）

を遂げたい。公害問題もたいへんな状態です。ですから、わたくしは中国にたいしては、現状の国際秩序の攪乱者《かくらんしゃ》として見ていくのではなくて、なんらかのかたちの微調整で、ある程度お互いの利益を図れる妥協点があるはずです。まずこれがわたくしのいちばん言いたいことです。

二番目は、お互いの脅威となっている問題を共同で解決すること。言うまでもありません、北朝鮮の核問題ですね。

ちっぽけな国かもしれません。しかし、身構えて自分たちを守るために核に手を染めたその国に核放棄を迫るには、六ヵ国協議[*17]しかないんです。二〇一三年は六ヵ国協議からまる十年なんですね。いずれ、おそらく無条件で六ヵ国協議の再開へ向かうとわたくしは思います。朴槿恵大統領も無条件で北の最高責任者とサミットをしたいと考えているでしょう。

日本も中国も韓国もアメリカもロシアも戦争を望んではいません。だとするならば、六者で問題を解決してお互いの共通の

の出身。一貫してプロイセン国家の拡大・強化とプロイセン主導のドイツ統一を模索し、オーストリアとの対決を辞さなかった。一八六二年にプロイセン首相となり、いわゆる「鉄血政策」を推進。普墺戦争（一八六六）、普仏戦争（一八七〇～七一）に勝利してドイツ統一を完成する。ドイツ第二帝国初代宰相（一八七一～九〇）。

＊16　ウィルヘルム二世
ドイツ帝国皇帝およびプロイセン王。一八五九～一九四一（在位一八八八～一九一八）。通称カイゼル（カイザー）。皇帝に即位するや、いわゆる「世界政策」に乗り出し、英仏露の帝国主義諸

脅威を除去する。そのためにみんなが動くことによって相互理解が深まるでしょう。

わたくしは、場合によっては六ヵ国にモンゴルを加えていいと思います。モンゴルは北朝鮮とも国交があり、そして韓国とも国交があり、日本とも友好国です。この七ヵ国で同じ問題について協議をしていく。

三番目は学校でできることです。

先生方が六ヵ国協議について歴史を話して、その成果を話したうえで、たとえば学生が三十人いるならば、北朝鮮、アメリカ、韓国、日本など、それぞれを代表する六つのグループに分けて勉強させる。そしてお互い協議をさせる。

中学生、高校生は北朝鮮についてなにも知りません。北朝鮮の知っている都市を五つ挙げなさいと質問しても、この会場のなかで何人が答えられるでしょうか。つまり、ほとんど知らないんですね。そのくせわたくしたちは、知らないのに知ってい

国との対立を深める。なかでも大艦隊の建造に着手したことからイギリスとは建艦競争を引き起こす。第一次世界大戦中に革命が発生して退位、オランダに亡命した。両端をピンとはね上げた独特のヒゲがトレードマークで「カイゼル髭」として知られた。

＊17　六ヵ国協議
北朝鮮の核問題を解決するために日本、米国、中国、ロシア、韓国、北朝鮮からなる協議機関。中国が主催国となって二〇〇三年八月から二〇〇七年九月まで、つごう六回開催されている。二〇〇五年九月には北朝鮮の核放棄のための共同声明が初めて採

るように思わせる、さまざまな言葉のシャワーを浴びているわけです。

学校の現場での実際のシミュレーションでそういうことに気づかせ、相手の国をわかっていく。そうしていけば、日・中・韓の関係はより前進していくと思います。

嬉しかったこと、後悔したこと

池野　雨宮さんへの質問は二つありますが、そのまえに雨宮さんご自身からも日中・日韓の相互理解についてお答えいただければと思います。

雨宮　はい。嬉しかったことについては、それにからめてお答えします。

世界中のプレカリアートの人とつながってわかるのは、これは一国の問題では全然ないということです。

択されたが、北朝鮮は二〇〇六年にミサイル実験と核実験を強行した。二〇〇八年以降、正式な六ヵ国協議は再開されておらず、二〇〇九年に北朝鮮は協議からの離脱と核兵器開発の再開声明を発表している。二〇一一年に金正日が死去し、金正恩体制となった現在も、協議が再開されるかどうかは不透明である。

日本では「ロスジェネ」という言葉がちょっとまえに流行《はや》りました。ロストジェネレーション[*18]の略ですね。

これが韓国だと「八十八万ウォン世代」と二十代が呼ばれています。日本以上に非正規雇用率が高くて、二十代だと大学を出ても派遣というか非正規しか仕事がない。そういう若者の平均月収が八十八万ウォンなんです。この言葉が出てきた当時でたしか日本円にして七万円ぐらいだったと思います。これでは全然暮らしていけないということで生まれてきた言葉です。韓国と日本は同じような空気のなかにある。

ヨーロッパにも似た状況はありますが、「自己責任」という言葉で攻撃されることはまずない。どうして日本と韓国の若者は、自分の置かれた過酷な状況を「自己責任」と思って自殺するところまで行ってしまうのか。

韓国に行ってそんなことをほうぼうの若い人と話して、認識が共有されたのでいっしょにメーデーをやったことが二〇〇〇

＊18　ロストジェネレーション　もともとは第一次世界大戦後に活躍したヘミングウェイ、フィッツジェラルド、フォークナーなどのアメリカ人作家に代表される世代をさすが、二〇〇〇年代に入ってバブル崩壊後の「失われた十年」に社会に出て、フリーター、ニート、ひきこもり、派遣労働者、就職難民などとして括られてしまう若者たちの存在の苦しみをあらわす言葉に変化した。

年代後半にありました。

いまもそのつきあいは続いていて、残念ながらこの数年はこちらからは行けていないんですけれども、韓国からはメーデーのたびに来てもらってます。韓国のフリーターみたいな人たちの労働組合の代表を招いてさまざまな交流をずっとしています。

日本のプレカリアート層というか、不安定層のなかには、韓国や中国にたいしてすごく敵視する考えをもっている人もけっこう多い。しかし、じつは若い人たち、自分たちと同世代の人の状況はほんとうによく似ていることを知ってもらいたい。韓国や中国を敵視するのではなくて、自分たちの状況は、たとえ国は違っても本質的には同じものであること、世界中の貧乏人が連帯しないとどうにもならない問題だとの理解を共有して、いろんな運動をやっていきたい。

日本でもいろいろな人に会えたし、韓国をはじめ他の国でも同じことが起きている。それをお互いに理解して国際連帯ができることがわかりました。それがいちばん嬉しいことです。

後悔したことはとくにないですね。

右翼に入っていたと言うと、よっぽど後悔だらけの人生ではないかと思われますが、ある意味でわたしは右翼に入ったことによって、なにかを「社会のせいにしていい」と知りました。また、その「作法」も覚えました。つまり「全部アメリカと戦後民主主義が悪いからいまの若者は生きづらいんだ」みたいなことです（笑）。いまから思えば、ひどく大雑把な話ですが。

そのころわたしはすごく貧乏なフリーターで、まったく先が見えずに自殺未遂ばっかりしていて、とにかく「自分が悪いからこんなに死にたくなってとってもつらいんだ」と思っていました。ところが、いきなり斜め後ろぐらいからぶん殴られるみたいな感じで「すべてはアメリカと戦後民主主義のせいだ」と言われたらリストカットとか一気に治っちゃった。これを「右翼療法」と言っているんですけれども（笑）、絶対、人には勧めないです。万人には効かないので。でも、わたしの場合はなんか治っちゃったんですよ。「あ、なんだ、わたしが悪いわけじゃないんだ」と。その視点をもてたのはとても大きかった。

ふつうに生きていると、社会のせいにするなと言われる。日本は表向きは身分制度はないし性差別もない。ほんとうはあるんですけれどもね。さまざまな差別があっても、それらはタテマエ的にないことになっている。それゆえに「自分が頑張れば絶対にそれが報われる」社会であるという大ウソがまかりとおっている。

そこでは百パーセント自分のせいにするしかないのだけれど、ここで「全部アメリカが悪い」とか訳のわからないことを言われたことによって、自分だけの責任にしなくていいとの発想が得られた。もしかしたら社会構造のほうに自分の生きづらさの原因があるのかもしれないとはじめて思うことができたので、右翼に入ったことは後悔はしてないんですよね。

あと、わたしがいた右翼団体はディベートをやっていたんですよ。たとえば右翼と左翼にわかれて日本国憲法についてディベートする。

わたし、それまで憲法なんか読んだことないくせに、押しつけ憲法反対とか言っていたんですね。それは反省しているんですけれども。それがディベートのときに左翼役になってはじめて読んで、前文を読んだらうっかり感動してしまった（笑）。うっかり入った右翼を、憲法を読んでうっかり感動してやめたという流れなのでムダなことはひとつもなかった。むしろよかったくらい。右翼なんかに入らないと憲法など読むわけないんですから（笑）。

だって、わたしも貧困層のフリーターの、ほんとうに本など読まない層にいたわけなので、それがたまたまそういうことになって、そういう出会いがあったわけなので、とくに後悔はないです。

それから、イラクに行って怖かったことですね。

わたし、北朝鮮がはじめての海外旅行で、二回目の海外旅行がイラクなんですね（笑）。

一九九九年、二十四歳のとき、なんとなくイラクに行ったら、子どもがガンや白血病でたいへんだという。先天性異常の子どもがこんなに生まれていますと、病院に連れていかれても、「は？」としか思えず、最初はまったく意味がわからなかったんです。それが劣化ウラン弾[*19]のせいだと教わりました。

九一年の湾岸戦争ではじめて実際に使われたのが劣化ウラン弾で、それが核や原発のゴミだということはなんとなく知っていたんですけれども、そんなたいへんなことになっているとはじめて知ったわけです。それから数年後、九・一一テロがあって、二〇〇三年三月にイラク戦争がはじまるわけです。

イラクが大量破壊兵器を隠していると言われてアメリカから攻撃されそうになったとき、イラクには知りあいもいっぱいで

＊19 劣化ウラン弾
弾体（弾芯）に比重の大きい劣化ウランを使用した弾丸・砲弾で、同速度でより大きな運動エネルギーを得られるため高い貫通力をもつ。焼夷効果も高く、主に対戦車機関砲などに用いられる。放射性廃棄物を再利用するため、弾丸から出る放射線（α線）が懸念され、すでに湾岸戦争の米軍帰還兵や、ボスニアやコソボ、イラクの住民に深刻な健康被害が報告されている。

きたし、劣化ウラン弾の被害を知っていたので、これは戦争を止めにいかなくてはダメだと思ってふたたびイラクに開戦一ヵ月前に入りました。イラクにいっぱい外国人がいたらアメリカも爆弾を落としづらいだろうということで、世界中から反戦活動家がいっぱい入っていたんですね。わたしもその流れで行って毎日デモしていた。「NO WAR」と「NO NUKES」というプラカードを掲げて。戦争反対、反核。「ここに劣化ウラン弾を落とすな」という意味です。戦争がはじまる前に帰国したのでけっきょく「人間の盾」にはならなかったんですが。

しかし、じつは怖かったのはイラクでのことではないんです。その八年後に自分が「NO NUKES」というプラカードを原発事故後の日本でもっていたことに気づいた瞬間、愕然《がくぜん》としました。

「あれ？　わたしはこのプラカードを戦争前のイラクで劣化ウラン弾に反対するために掲げたことがある」と思った。劣化ウラン弾の問題に出会っていたのに、どうしてそれを日本の原発とつなげて考えなかったんだろう……そのことをものすごく反省して、いろいろ原子力資料情報室の人に話を聞いたりしたら、やっぱり日本の原発の残りカスもアメリカでウラン濃縮するから、それが劣化ウラン弾に転用されている可能性があるよと。その事実こそがいちばん怖かった。

戦争直前のイラクはある意味、とってものどかでした。

湾岸戦争の死体写真を売りまくっているヘンな人なんかがいっぱいいいた。それから外国人の女と見ると見境なく口説いてくるイラク人もいて、戦争前に、みんながとにかくちょっとだけいい思いをしようとしている、非常に人間くさい感じがあって、むしろそれがリアルでした。なんの悲壮感もなく、ちょっと小銭稼ごうとしている人だとか、ちょっとモテようとしている人だとか。

それから駆けこみ結婚ラッシュ。これは帰国してから知ったことですけれども、誰もが戦争がはじまると思っているから毎日が結婚式だったんです。それがいちばん切なかったですね。

イニシエーション

池野　それでは渡辺さん、質問をお願いします。

渡辺　藤女子大学一年の渡辺祐季と申します。

私は以前留学をしていたんですけれども、そのときに他国の留学生と話していると、自国の政治や歴史について、正しいかどうかはさておき、問題意識を強くもっていたんですね。それまで私はとくに問題意識もなく日本で生活してきたので、それにたいしてなにも言えなかったんですけれども、あとから勉強するにつれ、問題がいっぱいあったんだなと思って……。そういう知識が少し深まったあとで日本に戻ってきて大学に入ったんですけれども、さて、まわりの人と話してみると、そういった問題意識はあまりないように見える。ふつうの会話でそういう話題も出ることがない。そういったことにたいしてどう思われますか。

池野　これは姜さんから、大学でのことも含めまして。

姜　渡辺さんは海外に出て、自分のことや自分の歴史について、ふだんあまり思っていなかったことを意識するきっかけを得られたと言っていい。その点でいまの渡辺さんの質問は非常にすばらしいと思います。

ちょっと誤解されやすい言葉かもしれないんですけれども、それはイニシエーション[*20]だとわたくしは思うんですね。イニシエーションとはふつう通過儀礼と訳されますが、むずかしく言うと秘儀伝授でしょうか。オウムがよく使ったせいで、ずいぶんおどろおどろしい言葉になってしまったきらいがありますが、成長過程においてとても大切なことです。ある時期にある事柄を経験する、誰かから秘密を伝えられることで、当人のなかで

＊20　イニシエーション　initiation　ある集団や社会で、正式な成員として承認されること。また、その手続きや儀式をいう。前近代社会における元服や現代における成人式・入社式など。オウム真理教は修行において「霊的エネルギー」を注入することをイニシエーションと称し、薬物の投与や電気ショックなどで「神秘体験」を即効的に経験させていた。

なにかが変わる。しかし、それを通過した人とそうでない人が話そうとするとまったくすれ違ってしまう。

人生のなかで、とくに若いうちは必ずそういう機会があるはずなんで、渡辺さんの場合はそれがたまさか留学だった。そうなると、自分はこの大学にいてなんとなく物足りないとか、あるいはみんなはまったくそういう問題関心がないんだと幻滅してしまうケースもあるでしょうし、それはどこの大学でもありますね。

人によっては、大学に入ってある先生と出会ってということもあるし、あるいは友人とつきあっていたらその人が、北海道ではなかなか理解できないかもしれませんけれども、出自や民族で差別されている人であったということもある。そういうイニシエーションの機会を通じて自分がなにかに目覚めてしまうことがある。

すると、そうではない人とどういう接触をしたらいいかという問題が出てきますね。これはほんとうにむずかしいです。渡辺さんもある意味では周囲から浮き上がってしまうんじゃないかと思うんですね。ただ、わたくしは若者にとって大学はそういう場所でなければならないと思っています。

残念なことに、いまの日本では大学がそういう役割を果たしてないがゆえに、渡辺さんのように留学経験でそれを見つけだす人や、場合によっては雨宮さんに興味をもってプレカリアートの運動に少し顔を出してみて、そこでイニシエーションを受ける人もいると思います。

このシンポジウムは歴史を語り継ぐということで、おそらく保阪さんがいちばんそれを望んでいらっしゃると思いますけれども、若い人であれば歴史のイニシエーションを受ける。上の世代からなにかを伝えられ、「自分たちの生まれる数十年前にこういうことがあったんだ。だから、いまを生きている自分たちはもう少しその秘密を解きあかそう」というふうになっていくことで、語り、語り継がれる関係が出てくると思いますね。

いま、渡辺さんはイニシエーションを受けていない学生が多いことに少し失望したり、あるいはがっかりしたり、仲間がいてほしいとたぶん思っていると思うんです。おそらく同じ思いの学生はすぐそばに必ずいるし、これからまちがいなく増えていくと思います。ですから、けっしてがっかりしないで、自分のイニシエーションを大切にしてほしい。

ただ、最後にわたくしから、アドバイスと言うとおこがましいんですけれども、染まらないでほしいんですね。

ここで講演した三人がどんなに立派なことをたとえ言ったとしても染まる必要はない。つまり、耳は傾けるけれどもけっして染まらない。イニシエーションを受ける人のなかにはそれで完全に染まってしまう人がいます。その果てがオウムだとわたくしは思っているんですけれども、極端なものに行ってしまうのではなくて、やっぱり真んなかを行く。

足して二で割るのが真んなかじゃないんです。真んなかを行くとは、いまはとてもむずかしいことです。民芸で有名な柳《やなぎ》宗悦《むねよし》＊21という人の書画のなかに、「どことて御手《みて》の真中《まなか》なる」と書いてあるんですね。これは単なる中立とか中庸とか中間という意味ではなくて、意識して自分でその位置を探していくということ。渡辺さんにはぜひこれからそういうふうになってほしいと思います。

ヒロシマとアウシュヴィッツの新たな語りくち

池野　若者にかぎらず問題意識をもっていない層が、社会のなかに増えているとすれば、それはどういう結果を招くのかという点について、保阪さんにおうかがいしたい。

保阪　私はいまの話を聞いてすぐに二つのことを思い出したんですね。それがそのまま回答になるのではないかと思うんです。

＊21　柳宗悦
一八八九～一九六一。大正・昭和期の思想家。日本民芸運動の創始者。学習院高等科を経て東京帝国大学卒業。白樺派のグループに参加。無名の匠が連綿と作り上げてきた生活工芸品に「用の美」を見出した。英国人陶芸家バーナード・リーチとの交友は有名。朝鮮美術に注目し、その価値と美を紹介した。

ひとつは何回目かのこのフォーラムでお話ししたことがあります。[*22] 以前、私は東京のある大学で十年ほど非常勤講師をしておりました。日本の近代史を中心に教えていたんです。

ある日、ひとりの女子学生が授業が終わったあとに近づいてきて、こんなことを言いました。

「私は広島出身で小学校のときから平和教育を受けました。広島に原爆が落ちた理由、それから被爆者の反戦平和運動のことをしつこいぐらいに習いました。そのときは正直言って〝また原爆の話か〟とウンザリすることもありました。でも東京の大学に入ったら、まわりの人があまりにも無知なのでおどろきました」

その学生は「他府県の子たちは」と言いましたね。そしてこう続けた。

「先生、私が、広島がおかしいんでしょうか。それとも他府県の子がおかしいんでしょうか」

＊22　ひとつは何回目かのこのフォーラムで～
二〇〇九年六月の道新フォーラム（『体験から歴史へ』一一一ページ）。

それを聞いて私は、じゃあ君、こんど「原爆がなぜ落ちたか、落とされたか」について九十分授業をしよう。そうすれば何人かは興味をもつかもしれない。それでいいかなと言ったら、ぜひお願いしますと。

で、次の授業で第二次大戦、太平洋戦争のなかで広島への原爆投下の経緯とその後について話をしたんですね。最初に尋ねてみたら、たしかにほとんどの学生がくわしくは知らなかった。まず教わっていない。

しかし、たまたま私が知っている知識を教えただけでかなりの学生が興味をもって、なかには試験のときにそのことについてレポートを書いてきた女子学生もいました。

つまり、チャンスがない、機会がないだけで、しかるべき場を設ければ、知的な広がりがもてるのではないかと思いますね。なによりも場をつくることが大事なんだなと思いました。

もう一点については去年でしたが、やはりこの場でお話ししましたので、[*23]ご記憶の方もいらっしゃるかもしれません。

私の友人がアメリカのコーネル大学で医学を勉強していたんです。たまたまその研究チームにドイツ人がいて、そこに新しくイスラエルから来た研究者が入ってきた。彼はドイツ人研究者に向かって「ちょっと君と話がしたい。ランチをどうか」と誘った。それで、私の友人もついていったというんですね。

そうしたら、イスラエルから来た研究者が、ドイツ人研究者に向かって、

「君はナチスのことをどう思うか。アウシュヴィッツをどう思うか」

と聞いた。

ドイツ人の研究者は、

「あれはわれわれの国の恥です。耐えがたい記憶だけれど、われわれはそれに耐えなくてはならない」

と、自国の歴史について心底からの反省を述べた。そのあと

＊23　去年でしたが、やはりこの場でお話ししましたので〜二〇一二年十一月の道新フォーラム（『「愛国」のゆくえ―「戦後」の無意識とトラウマ』一三六ページ〜）。

一時間ぐらいの会話が続いた。やがてイスラエルから来た研究者は立ち上がって、

「わかった。君とはともに研究チームの仲間として、いっしょにやっていける」

と握手を求めた。この話はこれで終わりにしようと言って。

それを傍で見ていた私の友人が、私のところに電話をかけてきた。

「ただただ、びっくりした」

「あんな会話はしたことがないし、できない」

そして、

「僕のチームには中国人研究者もいる。そういう話をしたことはないんだけれども、するべきだろうか」

私はこう言いました。

「それは中国人研究者と君との問題だから、そのあいだにそういう空気ができあがっているのなら話せばいいし、ないのなら

無理に話をしない。イスラエル人とドイツ人のやりとりを見て、こちらから取ってつけたように言う必要はないんじゃないか」で、興味があったので帰ってきたときに聞いたら、

「雑談でちょっと話をしたけれども、彼もそんなに歴史的事実について関心がないように見受けられた。しかし、あるときふと『前事不忘、後事之師』と書いて示された」

って言うんです。まあ、医学の研究者だから深刻な話はしないようにしているのかもしれません。

ただ、問題はここで終わらないんですね。最近、イスラエルの研究者[*24]がこんな問題提起をしています。

「たしかにわれわれの民族はアウシュヴィッツでひどい目にあった。人類最悪の犯罪の被害者だ。しかし、ひょっとしたらわれわれはそれと同じことを、いまアラブにたいしてなしているんじゃないか」

彼らの研究書には、イスラエルの弾圧でひどい目にあった

＊24　イスラエルの研究者
トム・セゲフ（Tom Segev　一九四五〜）のこと。日本でも『七番目の百万人』（脇浜義明訳、ミネルヴァ書房）や『エルヴィス・イン・エルサレム』（脇浜義明訳、柘植書房新社）などが刊行されている。

パレスチナ人たちの言だけでなく、イスラエルの強硬派の発言も紹介されているんですね。こんな物言いもあるといいます。「われわれはドイツ民族にさんざんやられた。いまオレたちはアラブ民族をやっつけている。アラブ民族よ、おまえたちは次に誰かを見つけてやっつければいいじゃないか。それが歴史だ」

これでは問題は解決しません。憎しみの連鎖が生ずるだけですね。

しかし、こういったことをきちっと書く研究者が出てきていることに希望がある。で、イスラエルのことをイスラエル内部の問題として、マイナスになることも謙虚に受けとめる。

そういうふうに歴史の問題でお互いに、あるいは自分たちの仲間うちでディスカッションをし、問題の本質は現在につねにつながっていることを考えるその訓練が重要です。この点、日本社会には考えるチャンスが恐るべきほどに欠けているのではないかと思います。そのチャンスを教育の場でなるべくつくらせまいとする傾向があるやに見えるのを、私はとても残念に思いますけれども、家庭や地域共同体において、小さな子どもから大人までの質問をすくい取って、それを議論し、私たちの回答を練っていく必要があるのではないかなと思いますね。

歴史修正主義に注意せよ

池野　時間がそろそろ迫ってきました。今日のやりとりのなかで新たな疑問、質問が浮かんだことがあれば。

野村　いまの話を聞いていて思ったんですが、ドイツでは過去の反省を踏まえて戦争教育やホロコーストに関する教育を徹底しておこなっていると言われます。しかし、それにもかかわらず、ナチス時代の高官だったルドルフ・ヘスなどを信奉するネオナチがいまだに存在するのはどうしてなのでしょうか。そのことについてちょっとお聞かせいただけたらと思います。

池野　姜さん、お願いします。

姜　旧西ドイツと旧東ドイツではナチスにたいする対応がかなり違っていたということがひとつありますね。東ドイツの場合には、スターリンの影響下に入り、そしてナチス・ドイツの問題を全体主義にたいする社会主義の勝利という認識の枠組みで押さえつけてきた面がありますから、ほんとうの意味で一人ひとりの個人的な戦争責任というものの自覚を強めていくことができなかったと思います。

西ドイツの場合はどうか。みなさんは〈将軍たちの夜〉*25という映画を見たことがありますか。興味があればぜひご覧になってください。ピーター・オトゥールとオマー・シャリフ、〈アラビアのロレンス〉のコンビが出ておりますけれども、この映画を見ると、戦後になってもナチスのOBたちが集まってみんなで軍歌を歌っている。つまり、ドイツは日本以上に歴史を反省して責任をシビアに追及したなんていうことでは必ずしもな

＊25　〈将軍たちの夜〉
一九六七年公開のアメリカ映画。原作ハンス・ヘルムート・キルスト。監督アナトール・リトヴァク。

いんです。ある時期まではむしろ逆だったんです。

責任の追及がはじまったのは一九六〇年代に入ってからですね。これについては、三島憲一《みしまけんいち》*26さんの『戦後ドイツ―その知的歴史』（岩波新書）というすばらしい本がありますから、それを読めばわかります。つまり西ドイツでは、戦後生まれの子どもたちが、青年期に入って「お父さん、お母さんたちは、あのときなにをしていたの」という問いかけをはじめた。ここから大きく変わっていくわけです。ところが、東ドイツはワルシャワ条約機構のなかに入ってソ連の衛星国でしたから、そういう問題がなかなか追及できなかった。

そしてドイツ統一は西ドイツが東ドイツを吸収するかたちで成し遂げられました。わたくしは一時期、旧東ドイツ地域にある大学で教えていました。冷戦崩壊後、数年たってからのことでしたが、「オッシー（東ドイツのやつら）」という差別的な言葉があった。早くも旧西ドイツ側から見ると「連中は貧しい」

＊26　三島憲一　一九四二～。ドイツ文学者、思想史学者。学習院大、大阪大、東京経済大教授を歴任。ニーチェからハイデガー、フランクフルト学派を中心にドイツ現代思想を研究する。東大卒。著作に『ニーチェとその影』『ベンヤミン』（ともに講談社学術文庫）、『ニーチェ』『現代ドイツ』（ともに岩波新書）などがある。

といったイメージが出てきていたんですね。

　雇用が不安定で失業者が多いなかで、やっぱりネオナチ的なものが出てくるのはある意味で自然な流れかもしれません。いまのところ旧西ドイツではさほどのことはないと思います。ただ、そういう問題が背景にあると理解しておけば、これからの動きを見るうえで有益かなと思いますね。

保阪　ひとつ、私もいまの問題に関して言いたいんですが、いま、「歴史を見なおそう」と説く人たちがいます。アウシュヴィッツはなかったと主張するような、歴史修正主義者と称される人たちですね。これは世界的な流れで、もちろん日本にもいるわけです。

　その一方で一九七〇年代、八〇年代生まれの若くて真面目な研究者たちが、まったく新しい視点の第二次世界大戦論を書いている。たとえば、ドイツの若い研究者は、「多くのドイツ人はアウシュヴィッツを知らなかったと言っている。しかし、じつはみんながうすうす知っていた」ということをきちっと例証を挙げながら説明していくんです。

イギリスだって批判の対象になる。第二次大戦ではイギリスのドレスデン爆撃が典型ですが、ドイツの諸都市を戦争末期に徹底的に爆撃します。それは一九四五年の二月から五月ぐらい、ドイツが音を上げるまでの三〜四ヵ月に限定されている。そこまでしなくてもドイツの降伏は決定的だった。つまり、イギリスの空襲には戦争初期にドイツに爆撃されたことへの徹底した報復の側面があったときちんと例証しています。

第二次世界大戦の解釈のなかには、連合国に都合のいい理解がたしかにある。それにたいして事実はこうじゃないかと謙虚に史実を見さわめる新しい流れが一九七〇年代、八〇年代生まれの人から出てきているんですね。これは大事にしなければいけない。

しかしながら、それと歴史修正主義者の「アウシュヴィッツはなかった」という立場とを、けっしていっしょにしてはならないと強調しておきたい。歴史修正主義者はそういう人たちの新しい研究を都合よく援用しますから気をつけて。それをきちんと見きわめながら、第二次世界大戦、太平洋戦争やその後の戦争とを理解していくことが大事じゃないかなと思います。

池野　ありがとうございます。まだまだ話すことはたくさんあるかと思うのですが、時間がまいりました。長時間にわたりどうもありがとうございました（拍手）。

むすびに

「なんだか妙な時代になったなあ」

「また大日本帝国に戻ろうというのかね」

「戦後のわれわれの苦労はなんだったんだろう」

こんな会話が私の周囲で、日常的に交わされるようになった。おまえの周囲には、戦後民主主義にどっぷりつかった輩ばかりがいるんだろう、それで「戦後レジームの解体」などに理解がないのだろう、との感想を洩らす者もいるがけっしてそうではない。ひたすら企業繁栄のために身を粉にして働きつづけ、定年を過ぎてもその真面目さを失わず、支持政党は自民党で、この政党以外には投票したこともないという友人、知人は私の周囲に少なくない。そういう彼らが、「おい、安倍政権というのはなにを考えているのか」「また戦争を始めるつもりではないだろうな。せっかくわれわれが戦後復興をなしとげたというのに……」と不安な表情を隠さないのである。

日本社会は急激な社会変動を起こしているというのは、思想や理念に関係なく、ごく平凡な日常生活に身を置いている庶民の感覚といっていいようだ。私は、昭和史に関心を持って多くの証言者に会い、戦争に突き進むときにはどういう変化が起こるのか、あるいはどういう予兆があるのか、を確かめてきた。傲慢な言いかたになるが、そういう体験を通して私なりに時代の空気をつかむコツのようなものをごく自然に身につけてきた。だから時代の動く空気のようなものを私なりに実感できる。

たとえば戦争に近づくときはどういうときか、という問いをみずからで立て、かつての軍人に聞いたり政治家に確かめたりしていくと、彼らは一様に「自然の勢いのようなものがあって、強硬な意見を口にする人物がもっとも国を愛しているかのような錯覚が起きるんだね」と証言する。感情的で勇ましい発言をする人物にたいして「決断力のある人」「自分の意見をもっている人」「時代のリーダーにふさわしい人」といった錯誤が生まれ、そういう人物にみずからの一生を託しうるというのだ。軍人口調の断定詞がはびこるようになると、知性や良識がいともかんたんに吹きとばされてしまう。もしかしたら私たちはいま、そんな時代に身を置いているのではないか、と考えてみることが必要だ。その自覚をもたないままに妙な時代だと百回叫んでみたところでこの国はまったく変わらない。

安倍首相が次々と打ち出す方針や政策、すなわち憲法改正・集団的自衛権・日本版NSC・武器輸出、それに教科書への政府見解の盛りこみ、靖国参拝などは議会政治の軽視といってもいい。つまり自分の思うことはなんでもできると錯覚していて、まるで独裁者気取りでこの国をまたぞろ昭和前期の大日本帝国に戻そうと躍起になっているかのようなのだ。私はこの首相を見ていると、その単純な言説と内容のない単語の羅列のなかに反知性、反理性のにおいをかぎとる。そして誰もが感じているようにその言語空間の狭さに愕然としてしまうのである。

この首相は「戦後レジームの解体」を唯一の政策としている政治家だ。日本国憲法の第九条に強い不信感と恨みを持っているのであろう。あろうことか戦後日本の姿は、「マインドコントロールされた状態」とまで言いだしている。この首相の歴史観は、現実の「史実」より自分の狭い考えのなかにある「歴史」を真の歴史と思っているのではないか。だから平然と戦後社会はマインドコントロールされているというような言いかたができるのだろう。

私は安倍政権にたいして徹底した批判をもっているが、ただひとつ良かったなと思うのは「戦後レジームの解体」、つまり「ポスト戦後」を考えるきっかけを与えていることだ。

私たちはいま、戦後民主主義は二つの病いを抱えていると見るべきだ。ひとつは市民的権利に慣れてきてこの重要性について鈍感になっている。国政選挙の投票率の低さなどもそういう例だろう。市民的権利を失った体制がどんなものかの想像力がないから、平気で大日本帝国の体制を賛美したりする。そしてもうひとつは、技術文明がつくりだしているインターネット社会で人間相互の連帯や協調が薄れてきて、戦後民主主義の理念そのものが空洞化していることだ。平和とか民主主義の理念が人びとを結びつける役割を果たしていない。さらにもうひとつ付け加えておけば、「市場に任せる」という経済社会の優勝劣敗の論理は、多くの敗北者を生み、彼らはまるでその腹いせでもあるかのように国家主義的な言説に走っている。

戦後民主主義そのものがなんらかの見直しを迫られているところに、安倍首相は「戦後レジームの解体」を持ちだしてきた。そしてこの解体政策に呼応して大日本帝国への回帰型の政策を巧みな世論工作によって国民の前に提示している。安倍首相のいう「戦後レジームの解体」はイコール「大日本帝国回帰型」なのである。私たちはいま気づかなければならないのは、「戦後レジームの解体」はたしかに戦後七十年近くを経ればやむをえないと認めたうえで、「しかし解体は大日本帝国回帰とは一体ではない」と主張しなければならないはずだ。

戦後レジームのほころびを直し、新しいレジームをつくりあげていくには、いくつもの選択肢があるはずだと主張すべきである。たとえば私は、「戦後民主主義」は「アメリカンデモクラシー」でもあると思うが、この「戦後」や「アメリカン」をいかに省いていくか、人類史に普遍的な民主主義やデモクラシーを現在の憲法に立脚しつついかにつくりあげていくか、これも筋のとおった「戦後レジームの解体」になるのではないか。近代日本が抑圧した日本の共同体の倫理や生活規範を軸にした日本的民主主義の確立も「戦後レジームの解体」後の選択肢ではないか。

安倍首相の説く「戦後レジームの解体」を彼の専売特許のようなかたちに追いやったのは、雑駁《ざつぱく》な表現ではあるが「戦後左翼」の怠慢ではないかと私は考えている。この怠慢をのりこえるのが、いまの私たちに課せられた役割である。安倍首相のつくりだす言語空間に負けてはならじと覚悟すべきだと思う。

道新フォーラムはこの巻で五回目を迎えた。北の地から全国に「われわれの歴史を語り伝えよう」と発信を志してから五年を過ぎたことになる。北海道新聞社が熱心に取り組み、私はこれをお手伝いするという役割をみずからに課してきた。この新聞社のスタッフは、日々の新聞製作のなかにあって、みずからの知性や感性を磨くのに積極的な人たちが多い。この五年余、私は元論説委員の青木隆直氏、編集委員の池野敦志氏たちスタッフとともにこのフォーラムのありかたについて話しあい、その方向性を模索し、実行してきた。

池野氏とはとくにこの五年間よく話しあい、打ちあわせをおこない、そしてお互いの考えを詰めあった。池野氏はむろんみずからも記事も書くが、「オピニオン」欄も担当されていてアカデミズムとジャーナリズムの融合・協力をつねに意識していた。知的な紙面をつくりたいというその姿勢を、私なりに理解していた。

二〇一四年二月、その池野氏が亡くなったことを青木氏から知らされた。すい臓がんを手術したと、それとなく本人から聞かされたこともあった。池野氏の思いはこのフォーラムと、こうしてまとめられた一連の書に凝縮している。いま、この稿を書きながら、私はこの書を池野氏の墓前に捧げて、有能なジャーナリストの霊に、あなたの志は継いでいきたい、と伝えたい。

本書を編んでくれた講談社学芸局の横山建城氏の労に今回も感謝したい。池野氏と横山氏は早稲田大学政経学部の先輩後輩にあたるという縁もあった。本書にこめられているそれぞれの思いが多くの読者に伝わることを、私は祈りつづけている。

姜尚中氏、雨宮処凛氏のおふたりの講演にも含まれていると思うが、一人ひとりが賢明な市民として、現実を見つめるべきだと、あらためて私も提言しておきたい。

二〇一四年（平成二十六年）三月

保阪正康

保阪正康（ほさか・まさやす）

1939年、札幌市生まれ。同志社大学文学部卒業。ノンフィクション作家。「昭和史を語り継ぐ会」主宰。昭和史の実証的研究を志し、延べ4000人もの関係者たちに取材してその肉声を記録してきた。個人誌『昭和史講座』を中心とする一連の研究で、第52回菊池寛賞を受賞。『昭和史七つの謎』『天皇―「君主」の父、「民主」の子』（ともに講談社文庫）、『東條英機と天皇の時代』（ちくま文庫）、『昭和陸軍の研究（上下）』（朝日文庫）、『昭和史の大河を往く』シリーズ（中公文庫）など著書多数。

姜尚中（カン・サンジュン／Kang Sang-jung）

1950年、熊本市生まれ。早稲田大学大学院政治学研究科博士課程修了。旧西ドイツ、エアランゲン大学に留学の後、国際基督教大学助教授・準教授、東京大学大学院情報学環・学際情報学府教授を経て、現在、聖学院大学学長。専攻は政治学、政治思想史。テレビ・新聞・雑誌などで幅広く活躍。『オリエンタリズムの彼方へ―近代文化批判』『マックス・ウェーバーと近代』（ともに岩波現代文庫）、『心』（集英社）、『母―オモニ』（集英社文庫）、『悩む力』『続・悩む力』『心の力』（ともに集英社新書）、『在日』（講談社／集英社文庫）、『在日 ふたつの「祖国」への思い』（講談社＋α新書）など著書多数。

雨宮処凛（あまみや・かりん）

1975年、北海道生まれ。作家・活動家。愛国パンクバンドボーカルなどを経て、2000年、自伝的エッセイ『生き地獄天国』（太田出版／ちくま文庫）を出版し、デビュー。以来、若者の「生きづらさ」についての著作を発表する一方、イラクや北朝鮮への渡航を重ねる。2006年からは新自由主義のもと不安定さを強いられる人びと「プレカリアート」問題に取り組み、取材、執筆、運動中。メディアなどでも積極的に発言。2007年に出版した『生きさせろ！ 難民化する若者たち』（太田出版）でＪＣＪ賞（日本ジャーナリスト会議賞）を受賞。「反貧困ネットワーク」副代表、『週刊金曜日』編集委員、「フリーター全般労働組合」組合員、「こわれ者の祭典」名誉会長。

「ポスト戦後《せんご》」を生《い》きる―繁栄《はんえい》のその先《さき》に

2014年4月15日　第1刷発行

著　者　保阪正康《ほさかまさやす》　姜尚中《カンサンジュン》　雨宮処凛《あまみやかりん》
発行者　鈴木 哲
発行所　株式会社講談社
〒112-8001　東京都文京区音羽2-12-21
電話　出版部03-5395-3522
販売部03-5395-3622
業務部03-5395-3615
装丁者　トサカデザイン（戸倉 巌　小酒保子）
印刷所　凸版印刷株式会社
製本所　株式会社国宝社

© Masayasu Hosaka, Kang Sang-jung ,Karin Amamiya, Hokkaido Shinbunsha 2014, Printed in Japan

定価はカバーに表示してあります。

落丁本・乱丁本は購入書店名を明記のうえ、小社業務部あてにお送りください。送料小社負担にてお取り替えいたします。なお、この本についてのお問い合わせは学芸図書出版部あてにお願いいたします。

本書のコピー、スキャン、デジタル化等の無断複製は著作権法上での例外を除き禁じられています。本書を代行業者等の第三者に依頼してスキャンやデジタル化することは、たとえ個人や家庭内の利用でも著作権法違反です。

Ⓡ〈日本複製権センター委託出版物〉複写を希望される場合は、日本複製権センター（☎03-3401-2382）の許諾を得てください。


ISBN978-4-06-218852-4

N.D.C.210.6　174p　19cm

ひとりでいいんです　加藤周一の遺した言葉

後続の世代に託された軽やかにして熱い言葉の数々。
戦後を代表する知識人の遺したものを受け継ぐ試み。
世代間の対話、その最良の姿がここにある！

加藤周一
凡人会　著

……ひとりでいいんです。ひとりで。それはむずかしいことではない。国境を越える共感は観念としては成り立ちますが、非常に抽象的でしょう。観念的なものは切羽詰まってくると捨て去ることができる。それが戦時下の知識人の問題だった。戦時下の知識人の多くは、頭で受け取ったマルクス主義などの外来思想を捨てた。外国は映画のスクリーンの上にあるようなものでした。だから、日常生活をとって、思想を捨ててしまう。そうならないためには、具体的な友人が海外にひとりいればいい。海外によく知っている友人がひとりいること、それが出発点だと思います。（第二章より）

講談社　定価：本体一八〇〇円（税別）
※定価は変更することがあります